W0316523

Herzstern

HERZSTERN

Mitteilungen der
Weißen Bruderschaft

durch

Paul Lambillion

ch. falk verlag

Aus dem Englischen
von A. - Ch. Raßmann

Deutsche Erstveröffentlichung

Umschlagbild: Michelle Thompson
Textgestaltung des Umschlags: Josef Nysten-Riess

Satz: Plejaden Publishing Service, Boltersen
Druck: F. Steinmeier, Nördlingen
Printed in Germany

ISBN 3-924161-90-9

Inhalt

Einleitung 7

Kapitel eins 13

EBENEN DES BEWUẞTSEINS UND DES SEINS
Das astrale/emotionale Selbst meistern – Das mentale Selbst – Im Schlaf – Im Tod

Kapitel zwei 23

DER EINFLUẞ DER ZEIT
Vergangenheit und Zukunft – Der Brennpunkt des Bewußtseins – Relative Zeit und ihre Beschleunigung – Zeitlosigkeit – Die Zeit meistern – Die Beschleunigung der Zeit und die Jahreszeiten – Die Illusion, das Jetzt und eure wahre Macht – Die Seele sieht viele Möglichkeiten – Zeit und Gesundheit

Kapitel drei 35

VON PLANETEN, AUẞERIRDISCHEN UND RAUMSCHIFFEN
Das Leben auf anderen Planeten – Außerirdische und der Mensch – Wesen, die die Erde beobachten – Hilfe von Außerirdischen

Kapitel vier 43

DIESE RASSISCHE EPOCHE AUF DER ERDE –
LEMURIA UND ATLANTIS
Der Weg der Seelen in die Individualität – Die Entwicklung der physischen Form – Faszination und Sexualität – Geburt und Tod – Atlantis – Die Wiederkehr des atlantischen Menschen – Tanz und Erdkräfte – Minerale und Kristalle – Heilung in Atlantis – Chirurgie – Der Große Kristall – Innere Weisheit – Meditation über die zwölf Punkte

Kapitel fünf 61

ERDENERGIEN
Veränderungen der Erdkräfte – Polaritäten – Energien im Nahen Osten – Zusammenarbeit mit der Erde

Kapitel sechs 67

EVOLUTION

Die Neger – Die Mongolen – Die Semiten und der arische Mensch – Der Mensch des Wassermannzeitalters – Chakras und die Veränderungen auf der Erde – die irische Frage – Eine neue rassische Gruppe – Veränderungen in den Vereinigten Staaten – Das Erwachen der slawischen Völker – Der neue Mensch und genetische Veränderungen – Australien – Der Geist Großbritanniens

Kapitel sieben 81

PERSÖNLICHE MACHT UND LIEBE

Veränderungen – Gott in euch – Übergänge – der zwölfstrahlige Stern – Kanäle des Lichts

Kapitel acht 87

KONTAKTE MIT AUßERIRDISCHEN

Kommunikation

Kapitel neun 91

ALLES IST VON BEDEUTUNG

Kapitel zehn 95

VERÄNDERUNGEN DER ASTRALEBENE

Mitteilungen von höheren Ebenen – Emotionale Herausforderungen – Auswirkungen auf Beziehungen – Ehrlichkeit – Wiedererwachen zu einer größeren Vergangenheit – Erleuchtung – Erfahrungen umwandeln – Spirituelle Kommunikation

Kapitel elf 107

FRAGEN UND ANTWORTEN

Trancezustände und Tranceheilung

Einleitung

Botschaften vom Herzstern und die W.F.-Texte

Zu Beginn des Jahres 1985 hatte ich während einer Kurs- und Meditationswoche bei einem der Kursleiter eine Einzelberatung. Der Mann, ein bemerkenswerter und sehr angesehener Hellsichtiger, sagte mir zu meiner Überraschung, ich befände mich während meiner Arbeit als Heiler sehr oft in einem tiefen tranceähnlichen Zustand veränderten Bewußtseins. Er empfahl mir, diesen Zustand zu üben, da er mir für meine Arbeit als spiritueller Lehrer einen wichtigen Kanal öffnen würde.

Meine erste Reaktion war, das Gehörte als Unsinn abzutun. Ich war bei vielen Trancesitzungen zugegen gewesen und hatte gehört, wie Informationen durch Medien in einem solchen veränderten Bewußtseinszustand kamen, und keine dieser Veranstaltungen hatte mich sonderlich beeindruckt. Ich hatte oft den Eindruck gehabt, daß die Leute, auch wenn sie sich noch so ernsthaft bemühten, unter einer Wahnvorstellung standen, und es kam kaum einmal eine Botschaft durch, die die theatralischen Verrenkungen, die gewöhnlich mit solchen Aktivitäten einhergehen, zu rechtfertigen schien.

Ein paar Wochen später wurde ich ziemlich unvermittelt und sehr früh aus meinem nächtlichen Schlaf aufgerüttelt, mit dem Gefühl, daß etwas oder jemand mich weckte. Der Rest der Familie schlief noch, und ich ging hinunter, um mir etwas zum Trinken zu machen. Dann saß ich still am

Fenster und schaute zu, wie das frühe Morgenlicht über die Baumwipfel heraufstieg. Bald überflutete mich ein warmes Gefühl von tiefer Demut und Dankbarkeit. Alles Gute, Schöne und Erhebende des Lebens schien mich umfangen zu halten. Auf einmal wanderten meine Gedanken zu jener Beratung zurück, und ich wußte, daß der Mann mir die Wahrheit gesagt hatte. Wenn ich auch sehr vieles nicht verstand, so gab es doch keinen Zweifel, daß ich anfangen mußte, den Prozeß der Einstimmung auf irgendeine Verbindung mit Gott und Seinen "Engeln" zu entwickeln.

Von da an meditierte ich jede Woche mit einer Gruppe von Freunden und versuchte, mich einzustimmen. Wir widmeten jeden Abend dem Höchsten Wohl und dem Göttlichen und begannen jede unserer Sitzungen mit dem Vaterunser. Im Laufe der Zeit tauchten Kindheitserinnerungen in mir auf, die ich lange verdrängt hatte, die jedoch für diesen neuen Weg wichtig waren.

Schließlich empfing ich die ersten schriftlichen und dann mündlichen Botschaften, und ich sah, daß ich tatsächlich Kanal für Gedanken und Ideen von einer wunderschönen und hochentwickelten Bewußtseinsebene sein durfte.

Wir haben im Laufe der Jahre immer mehr von diesen Lehren und Weisheiten empfangen, die für diejenigen von uns, die wirklich dem geistigen Weg folgen wollen, sowohl Inspiration als auch schöpferische Herausforderung sind. Die Quelle, in deren Licht und Bewußtsein uns die Verbindung gewährt wird, wurde gleich mit den ersten Worten als das erhabene Bewußtsein des Melchisedek identifiziert. Alle Botschaften basieren auf einem Verständnis der mächtigsten Offenbarung Gottes, die die Menschheit bisher erlebt hat, denn sie kommen durch Christus, den, der sich im Leben des Meisters und Eingeweihten Jesus gezeigt hat.

Die Botschaften, die wir empfangen und aufgeschrieben haben, sind inzwischen zu einem beträchtlichen Volumen angewachsen, und obwohl unsere Gruppe sich jetzt, hauptsächlich wegen meines vollen Lehrplanes, weniger häufig treffen kann, werden es durch die ausgewählten öffentlichen Durchgaben, die wir jedes Jahr bekommen, und auch durch private Sitzungen, die jetzt regelmäßig gegeben werden, immer mehr.

In letzter Zeit habe ich bemerkt, daß ich mich in fast normalem Bewußtseinszustand mit der Quelle verbinden und Informationen und Gedanken empfangen kann. Das bestätigt eine Voraussage, die ich vor einigen Jahren erhielt.

Die Zahl der Suchenden auf der ganzen Welt, die diese Botschaften aufschlußreich, lohnend und manchmal auch herausfordernd finden, nimmt stetig zu.

Die Botschaften sind immer sehr zurückhaltend mit Voraussagen und betonen stets, daß unsere Willensfreiheit unangetastet bleibt. Wir bekamen jedoch ein paar interessante Hinweise, unter anderem auf den Zeitpunkt von Margarete Thatchers Rücktritt als Premierministerin, der über ein Jahr vor ihrer plötzlichen Abdankung genannt wurde, als ihre Stellung äußerst stabil schien, und der dann noch einmal drei Wochen vor ihrem Rücktritt wiederholt wurde. Wir bekamen auch andere interessante Hinweise: In einem Fall wurde das Geheimnis gelüftet, an welcher Krankheit so viele Tiere aus einer Schweineherde starben!

Bis jetzt wurden nur ein paar der unveröffentlichten Aufzeichnungen in kleinem Umfange unter Interessenten verbreitet. Ich konnte die Gedanken auch während einiger meiner Workshops und auf Studientagen mit anderen teilen. Die Nachfrage ist jedoch gestiegen, so daß wir das Gefühl hatten, es sei an der Zeit, einen Teil der Botschaften zu veröffentlichen. Deshalb erscheint nun dieses kleine Buch – womit sich eine weitere Voraussage erfüllt!

Es war eine lange und mühevolle Arbeit, die vielen Informationen durchzusehen, die wir gesammelt hatten, da manche der Aufzeichnungen mehrere Themen auf einmal behandelten. Aber die harte Arbeit einiger treuer Freunde, von denen ich besonders Renate Roberts erwähnen möchte, die von Anfang an unermüdlich jedes Wort der Sitzungen aufgezeichnet und getippt hat, macht es möglich, daß in Kürze viele andere Menschen sich an der Inspiration und Weisheit der "Herzstern"- oder W. F.-Texte erfreuen können.

Wer ist nun W. F.? Und Herzstern?

Belustigt durch die oft blumigen und extravaganten Namen so vieler "höherer" Quellen, ging mein Humor mit mir durch, als ich den Namen der geheimnisvollen Quelle enthüllen sollte, die jeden Mittwochabend in meinem Wohnzimmer zu uns sprach. Ich nannte sie "Weißes Frettchen". Dieser Name ist ihr unter meinen Freunden bis heute geblieben.

"Herzstern" bezieht sich auf den zwölfzackigen Stern, das Zeichen oder Symbol, das uns von der Quelle unserer Botschaften gegeben wurde und dessen Energielinien unabhängig davon kurz nach Beginn unserer Kommunikationen im Äther um meine Heimatstadt Bury St. Edmunds ausgependelt wurden.

Dieses Buch enthält Botschaften, die wir im Sommer 1991 empfingen, und Auszüge aus anderen, auch öffentlichen Sitzungen, einschließlich einiger Fragen und Antworten. Ich habe mich bemüht, das Material so effektiv wie möglich zu redigieren und zusammenzustellen und so wenig wie möglich eigene Kommentare hinzuzufügen. Wichtig sind jedoch nicht nur die Worte selbst, sondern die darin enthaltene Energie, die Weisheit und Liebe der Weißen Bruderschaft, die der Leser vielleicht zu spüren vermag.

Wir hoffen, daß sie Sie auf Ihrem Weg der Selbstentdeckung und Erleuchtung in diesen aufregenden Zeiten inspirieren und Ihnen frische Einsichten vermitteln werden.

Die Liebe Gottes und das Licht Christi sei immer mit Ihnen.

Paul Lambillion
Bury St. Edmunds,
Suffolk/England *Sommer 1993*

Gebet

Laß alle Menschen die Wahrheit ihrer selbst entdecken,
die Kraft, die sie im Herzen haben,
laß alle Menschen wissen, daß das Auge Gottes sich immer auftun
und die Stimme des Vaters immer durch sie sprechen möchte.
Laß alle Menschen sich des Lichtes ihres eigenen Herzens bewußt sein,
laß sie in sich die Kraft sehen, zu verwandeln,
die Kraft, zu erheben, und die Liebe, zu heilen.
Laß alle Menschen im Himmel und in den Sternen,
in der Erde und in den Wassern des Meeres
die innere Liebe Christi sehen.
Laß alle Menschen wissen, daß sie, wenn sie sich in ihrem Tun und Handeln
vom tiefsten Drängen ihres eigenen Herzens leiten lassen,
mit dem Wahren Licht
und der offensten Bewußtseinssphäre arbeiten.
Laß alle Menschen durch die Güte ihres eigenen Herzens den Christus
im Herzen aller sehen,
daß sie miteinander sind wie eins,
selig vereint in solcher Wahrheit.

Kapitel eins

Ebenen des Bewußtseins und des Seins

In den Botschaften wurde immer wieder über die verschiedenen Ebenen des Bewußtseins und des Seins gesprochen. Dieses erste Kapitel enthält ein paar grundlegende Betrachtungen darüber, wie der Mensch vom Anbeginn seines ersten Erscheinens auf der Erde die verschiedenen inneren Ebenen des Lebens meistern konnte und kann, und darüber, was wir im Traumzustand und im Tod erleben.

20.7.88

Als der Mensch in der Frühzeit lernte, auf dieser Erde zu leben, mußte er vor allem einen Weg finden, seine physische und seine ätherische oder energetische Natur so zu verschmelzen, daß der irdische Körper optimal funktionierte, das heißt, daß die Kräfte aus den ätherischen Feldern und Körpern rein und klar in die physische Form fließen konnten. Wir sprechen hier von Körpern in der Mehrzahl, denn der Ätherkörper ist ein komplexes Gebilde aus vielen Ebenen, und von einem Körper zu sprechen ist deshalb vielleicht nicht ganz richtig. Vielleicht fassen wir sie am besten zusammen und betrachten die kombinierte oder synthetisierte Ätherform des Menschen.

Dieser Ätherkörper ist ein kompliziertes Gewebe von Kraftfeldern und Energiemustern, das in sich das Potential hat, die physische Form, die der Mensch für die Inkarnation braucht, aufzubauen und zusammenzuhalten. Alle Elemente, die für den Aufbau des menschlichen physischen Körpers durch alle die devischen Einflüsse notwendig sind, werden durch die Energien des Ätherkörpers miteinander verschmolzen.

Die Solarenergien, die Energien eurer Sonne also, fließen durch Kraftlinien, die den Ätherkörper des einzelnen überall durchziehen und durchweben, und wo diese Kraftlinien fließen, findet man die Kraft und den Einfluß der kosmischen Strahlen, der Strahlen des spirituellen Feuers und natürlich der Vitalitätsstrahlen. Es ist ein kontinuierlicher Vorgang der Harmonisierung, des Zusammenfassens, Vereinigens und Vermischens, der die Intelligenz und Energie hervorbringt, durch die der physische Körper des Menschen strukturiert wird.

Die physische Form wird von den devischen Intelligenzen und anderen Engelwesen gebaut, die innerhalb des Willens der jeweiligen menschlichen Wesenheit und des Musters, nach dem sie leben will, wirken. Sie gehorchen dem genetischen Bild, das in ihrem Permanenten oder Großen Atom festgelegt ist.

Dies ist der erste Aspekt des menschlichen Selbstverständnisses, und wonach der Mensch als erstes trachten muß, ist, seine ätherische und seine dichtere physische Natur sicher zu beherrschen und gut miteinander verbunden zu haben. Wenn er dies zufriedenstellend gemeistert hat, geht es um eine weitere menschliche Funktionsebene, nämlich die, durch die sich die Persönlichkeit offenbart und durch die sie wahrgenommen wird.

Auf dieser Ebene finden wir die Emotionen, die eure Wahrnehmungen und Gedanken färben. Die Persönlichkeit funktioniert hauptsächlich durch den astralen Menschen. Die individuellen Stärken und Schwächen, die ihr als menschliches "Ich" wahrnehmt, sind größtenteils eine Manifestation des astralen Selbst. Auf dieser Ebene fangen wir an, einen Menschen wahrzunehmen, der nicht einfach nur ein Tier ist, sondern Gefühle und Wünsche hat.

Wenn sich also die physischen und energetischen Ebenen des Menschen stabilisiert haben, muß der Mensch mit seinem Bewußtsein einen weiteren Bereich durchschreiten und eine weitere Meisterschaft über sich erlangen, nämlich die über seine Persönlichkeit und seine Gefühle. Denn in dieser jetzigen Zeit finden der Kampf und die Auseinandersetzung mit destruktiven Aspekten zumeist hier statt – Aspekten, die innerhalb des astralen Bewußtseins und der Persönlichkeit hervorgebracht wurden und jetzt dramatisch an die Oberfläche kommen. Der Mensch ringt mit dem, was er selbst in sich erschaffen hat, wobei mächtige emotionale Kräfte ausgetrieben und umgewandelt werden. Das astrale Bewußtsein ist größtenteils die Folge destruktiver Gedankenformen, die die Menschheit seit der Zeit von Atlantis aufgebaut und denen sie Kraft gegeben hat, und so ringt der Mensch mit seiner eigenen, selbsterschaffenen Realitätssphäre.

Tatsächlich kämpft der Mensch während seines gesamten Wachstums- und Einweihungsprozesses mit seinem eigenen Mißverständnis dessen, was er ist: Wenn ein wahres Verständnis erlangt und die Persönlichkeit gemeistert ist, dann sehen wir einen Zuwachs an Kraft, wie er in dieser Runde der menschlichen Evolution noch nie erlebt wurde. Es entsteht eine Zunahme an Vertrauen und persönlicher Achtung und ein Drängen, nicht länger mehr Opfer der niederen Teile der eigenen emotionalen Natur zu sein, sondern sich mit den höheren Aspekten seiner selbst und mit dem herrlichen Geist im eigenen Innern zu identifizieren.

Das mentale Selbst

Das nächste Stadium unseres Wachstums ist der sogenannte niedere Mentalaspekt des Seins.

Hier wird wirkliche Einsicht erlangt, und das wahre Ego, welches den wahren Weg der individuellen Wesenheit versteht und mit der Seele verbunden ist, bekommt größeren Einfluß auf die Entwicklung eines individuellen Lebens. Das Denken wird klar und direkt, und der Mensch beginnt sich selbst zu begreifen und klar zu sehen, daß er ein Wesen von ungeheurem Licht und ungeheurer Kraft ist, das Zugang hat zu unendlicher Weisheit.

Auf dieser Bewußtseinsebene also beginnt der Mensch, seine wahre Natur zu verstehen: die eines Wesens, aufgebaut auf den Mächten und Kräften, die ihm zufließen aus dem Bewußtsein Gottes. Der Mensch erkennt, daß er ein individueller Aspekt des Göttlichen ist und deshalb, wenngleich in schlummerndem Zustand, das Potential des Göttlichen in sich trägt.

Durch dieses niedere konkrete Bewußtsein hindurch gehen wir in den höheren Aspekt des mentalen Bewußtseins über, in das Höhere Mentale Selbst, das uns einen abstrakteren Bereich des Selbstausdrucks eröffnet. Dieser Bereich ist mit der normalen Sprache nicht leicht zu beschreiben, denn hier wird die Freiheit von den Emotionen erreicht. Die Orientierung ist zunehmend nicht mehr nur auf das einzelne individuelle Ego gerichtet, sondern auf das Konzept des kollektiven Ego, unauflöslich verbunden mit dem Leben anderer und deren Existenz. Auf dieser Ebene weiß der Mensch, daß er eins ist mit allen Dingen.

Von hier aus geht man auf die Ebenen spirituellen Verständnisses über, und wenn der Brennpunkt des Bewußtseins durch die Ebene des Ego hindurch in die Reiche des Geistes hineinwächst und wirklich in spirituelle Weisheit eingeweiht wird, dann funktioniert der Mensch allmählich mit allen Kräften des Sonnensystems und noch darüber hinaus. Auf dieser geistigen Ebene beginnt der Mensch, seine Verbindung zu seiner hierarchischen Gruppierung zu verstehen. Er weiß wirklich, wer er ist und was er ist. Von diesem Punkt aus kann sich der Mensch auf seine Realität konzentrieren und sie als das sehen, was sie in Wahrheit ist.

Die Persönlichkeit des Menschen ist also im wesentlichen in seinem physischen, ätherischen und emotionalen (astralen) Selbst enthalten und lebt und existiert innerhalb dieser Sphären.

Die höhere Natur des Menschen, seine Seele, befindet sich in einem höheren mentalen Selbst, in seinen intuitiven und spirituellen Bereichen.

Der Mensch erfährt Ganzheit, wenn er bewußt alle diese Ebenen seines Wesens gemeistert und die niederen und höheren Aspekte zu einem dynamischen, sinnvollen Zentrum von Weisheit und Liebe vereinigt hat.

Im Schlaf

11.1.89

Während ihr schlaft, verläßt euer Geist die physischen Bereiche, und der Brennpunkt seines Bewußtseins ist auf der astralen Ebene, und daher verläßt auch der Astralkörper den physischen Körper und nimmt, in sich eingekapselt, die mentalen und spirituellen Schichten eures Wesens mit. Nur das Physische und das Ätherische bleiben zusammen, obwohl auch einige Atome des astralen und des Mentalkörpers und einige Atome des spirituellen Körpers in der physischen Sphäre verweilen. Doch die allgemeine Bewegung geht aus dem Physischen heraus, damit es sich ausruhen kann. So ist euer Bewußtsein auf etwas anderes konzentriert, und für etwa neun bis zehn Stunden habt ihr es mit Umständen zu tun, als wäret ihr in einer anderen Welt oder in einem anderen Leben: Denn im Schlaf befindet ihr euch in einem anderen Bewußtseinsbereich.

Wenn diese Phase zu Ende ist und ihr zurückkehren müßt, dann kommt ihr wieder in vollständige Übereinstimmung und Beziehung mit eurem physischen Körper, und das geschieht ganz einfach und leicht.

Die Körper sind durch eine feine Schnur miteinander verbunden, die sanft pulsiert. Sie kann sich zu außerordentlicher Länge ausdehnen, so daß ihr in eurer Schlafphase, dreidimensional ausgedrückt, sehr weit von eurer physischen Heimat entfernt sein könnt. Wenn ihr euch bei der Rückkehr wieder dem physischen Körper nähert, zieht sich die Schnur zusammen. Mit Hilfe dieser Schnur kontrolliert euer Bewußtsein Atmung und Herzschlag, so daß in jedem Augenblick ein kontinuierlicher Rhythmus aktiv ist, der das physische Bewußtsein aufrechterhält.

Wieder in euren Körper eingetreten, erreicht ihr einen Zustand, wo euer Bewußtsein sich erneut mit der physischen Ebene und den damit verbundenen Erinnerungen assoziiert. Allmählich geht ihr aus dem Zustand, den man Schlaf nennt, in einen wachen, anregenden und, wie wir hoffen, vergnüglichen Lebenszustand über.

IM TOD

5.4.89

Wenn eure Lieben euch und das physische Leben verlassen, dann werden sie sich der spirituellen Dimension ihres eigenen Selbst bewußter, und sie lockern die Verbundenheit mit den physischen und ätherischen Ebenen des Bewußtseins. Sie konzentrieren sich jetzt mehr auf die Ebenen des Denkens und der astralen Welt, besonders auf die Bereiche, wo sie weiterhin mit den Gefühlen der Erde in Verbindung sein können, mit jenen Gefühlen, die so lange vorherrschend waren.

Deshalb könnt ihr durch menschliche Kanäle, deren Bewußtsein auf diese spezielle Funktion eingestellt ist, mit ihnen in Verbindung treten. Ihr müßt euch immer bewußt sein, daß alle Menschen auf der Erde Eindrücke empfangen und tatsächlich von den Eingebungen und der liebevollen Führung aus anderen Dimensionen profitieren können. Alle Menschen sind in gewissem Sinne in Verbindung mit dem Leben und den Wesen in den höheren Sphären, bzw. den Sphären, die eure eigene Welt durchdringen.

Für viele Seelen kann der Abstand zwischen den Inkarnationen recht kurz sein. Sie kehren vielleicht innerhalb von Zeitspannen von ein- bis drei- oder vierhundert Erdenjahren zurück, und manchmal findet die Rückkehr auch wirklich sehr schnell statt, abhängig vom Karma des einzelnen und auch von den Bedürfnissen des Planeten und der Menschheit als Ganzer.

Denkt daran, daß manche Seelen sich auf der Erde inkarnieren, obwohl sie es nach dem Gesetz des Universums gar nicht müßten, weil sie sich entscheiden, dem größeren Wohle zu dienen, womit sie ein wunderbares und beachtliches Opfer bringen. Es gleicht in mancher Hinsicht der Selbstopferung des Christuswesens zur Zeit des Meisters Jesus.

15.8.88

Wenn ihr durch das Tor, das ihr Tod nennt, eintretet in die nächste Realität oder das nächste Bewußtsein, seid ihr dieselben, bereichert vielleicht und frei von einigen der Regeln und Zwänge, die ihr euch zuvor auferlegt habt, aber in Wirklichkeit seid ihr nirgendwo hingegangen, und ihr habt nichts verlassen. Ihr habt einfach die Orientierung eurer Denkmuster verändert, und der Brennpunkt eures Bewußtseins hat sich verlagert.

Das meinen wir mit den Ebenen der Realität. Leben, Geburt und Tod sind Verschiebungen des Brennpunktes des Bewußtseins von einem Bereich oder einer Ebene der Wahrheit auf eine andere, und diese Reise durch die Bewußtseinsebene dürft ihr euch also nicht als mühseliges körperliches Unternehmen vorstellen, sondern eher als eine Bewegung in eurem Denken, eine Positionsveränderung, wobei der Brennpunkt eurer Aufmerksamkeit neu ausgerichtet und ihm eine andere Seinsweise, eine neue Art der Wahrnehmung gezeigt wird.

Das ist wirklich die Wahrheit über diese Ebenen, die Ebenen im Universum und in euch.

Ihr befindet euch in jenem Teil der Wirklichkeit, der zu verschiedenen Aspekten von euch unterschiedliches Bewußtsein zu verschiedenen Zeiten zu erfahren erlaubt, aber im wesentlichen ist der zentrale Teil eures Bewußtseins immer in der Lage, alle anderen zu beherrschen, und deshalb wißt ihr, daß euer Bewußtsein entweder auf die physische Welt, die astralen Welten oder die Welten jenseits davon "scharf eingestellt" ist. Ihr selbst jedoch, ihr seid eine Konstante, denn vergeßt nicht, in euch ist in jedem Augenblick der Funke der Ewigkeit, und für den Funken der Ewigkeit ist "alles was ist" in seinem Innern, ist dauerhaft und für immer da. Nur das Bild, das er durch den gegebenen Rahmen des Lebens wahrnimmt, ändert sich und konditioniert so seine Reaktionen auf das, was er sieht.

Eure innere Essenz jedoch, der Ewige Funke des Lebens, ist unauslöschlich und sieht einfach alle Dinge zu ihrer Zeit an ihrem Ort.

Ihr könnt in jedem Moment entscheiden, auf jeder beliebigen Ebene zu existieren.

Kapitel zwei

Der Einfluß der Zeit

Unsere Quelle sprach bei mehreren Gelegenheiten vom Mysterium der Zeit. Hier ein paar der mitgeteilten Einsichten.

28.11.89

In dem Maße, wie die Macht der Zeit sich verbraucht und die Illusionen sich allmählich klären, werden alle Menschen im Innern ihrer Seele die wahren Muster sehen. Denn ihr steht an der Schwelle einer neuen Zeit, ein neues Element des Göttlichen Reiches tritt in den Brennpunkt des menschlichen Bewußtseins, und so sehen wir klar, Vater, daß Dein Reich auf die Erde kommt, so, wie es im Himmel ist.

10.7.91

Wir haben schon früher mit euch über das Thema Zeit gesprochen, und wir haben versucht zu klären, wie ihr auf der Erde lebt und die Bewegung eures Bewußtseins wahrnehmt. Ihr lebt und bewegt euch in Zeit und Raum, und deshalb bewegt sich auch euer Erleben darin. Die Geschwindigkeit dieser Bewegung bestimmt die Dynamik eurer Erfahrung.

Der Mensch wird merken, daß die Zeit, wie sie auf der Erde genannt wird, eigentlich ein Versuch ist, die Breite seines Erlebens zu erklären und die Erfahrungen in eine Reihe mit Anfang und Ende einzuordnen, und ihr müßt verstehen, daß das Bedürfnis nach Zeit, bzw. nach einem linearen Zeitbegriff, entstand, als der Mensch sich in die Illusion materieller Dinge und dreidimensionalen Denkens verstrickte. Je tiefer sein Bewußtsein in die niederste physische Schwingung eingetaucht ist, also in feste Dinge und in das Reich der Formen, wie ihr es verstehen würdet, um so nötiger ist es für ihn, in einem linearen Zeitgefühl zu wirken und zu forschen.

Wenn man sich von der Erde entfernt, verändert sich in gleichem Maße auch die Natur der Zeit, und das hat der Mensch natürlich entdeckt, als er in die Lage kam, sich körperlich aus den Hauptanziehungskräften, dem elektrischen und ätherischen Sog der Erde, zu entfernen.

Er hat Existenzebenen erlebt, wo die Zeit nicht in derselben Weise und Intensität existiert wie auf der Erde. Eure Zeit existiert nur in Verbindung mit der Erde, und sobald diese Verbindung abgebrochen ist, hat die Erdenzeit in ihrer normalen linearen Funktion keine wirkliche Bedeutung mehr für Gedanken oder Aktivitäten. Man benutzt ein anderes Rahmenwerk, um Abfolgen und die Art, wie Ereignisse sich zu einem zusammenhängenden Ganzen zu ordnen scheinen, auf dem wir unseren Blick von einem Punkt zum anderen bewegen können, zu verstehen.

Vergangenheit und Zukunft

Wir haben euch auch erklärt, daß wir in Bezug auf die Zeit und die Erde versuchen müssen zu verstehen, was es mit sogenannten vergangenen oder zukünftigen Erfahrungen auf sich hat. Aus unserer Perspektive gesehen sind Zukunft und Vergangenheit in sich selbst illusorische Vorstellungen, denn Vergangenheit und Zukunft und alle Variablen darin existieren genau so sehr jetzt wie in ihrem eigenen Raum, und wo in Raum und Zeit ihr gerade zu sein scheint, ist nur eine Frage der Ausrichtung eurer Willensenergie und Konzentration.

Ein Erlebnis als vergangenes Leben zu bezeichnen ist in gewissem Sinne eine Illusion; besser könnte man es ein alternierendes oder ergänzendes Erlebnis nennen.

Es ist sehr wichtig, das zu begreifen, denn es erklärt eine bedeutsame Wahrheit, eine wichtige "Vollmacht" des Menschen. Es bedeutet, daß es nicht nur Möglichkeiten gibt, auf die ihr euch als eure Vergangenheit einstellen könnt, sondern auch Alternativen, auf die ihr euch als eure Zukunft einstellen könnt, denn Vergangenheit und Zukunft sind in kosmischer Sicht ein- und dasselbe. Es gibt keinen Unterschied zwischen den beiden. Nur der Grad oder die Art des Erlebens bestimmen darüber, in welchen Zeitraum unseres Bewußtseins wir sie einordnen.

Es gibt viele phantastische Geschichten über Zeitreisen in die Zukunft und in die Vergangenheit.

Für jemanden, der in der Zukunft existiert, ist es durchaus möglich, sich mit der Vergangenheit zu verbinden, und jemand aus der Vergangenheit kann ohne weiteres eine Verbindung mit etwas herstellen, was in der Zukunft zu liegen scheint. Das ist schon vorgekommen. Ihr könntet also hier sehr wohl eine Wesenheit wahrnehmen, die den Brennpunkt ihres Bewußtseins in diesen Zeitrahmen verlegt hat, auch wenn sie vor ihrem Erscheinen hier die Hauptkonzentration oder den Hauptanstoß ihres Bewußtseins in einem Bereich hatte, den ihr als Zukunft betrachten würdet.

Der Brennpunkt des Bewußtseins

Alle Wesenheiten, die ihr als zukünftige Möglichkeiten begreift und kennt, existieren als Realität genauso wie ihr hier in diesem jetzigen Augenblick der Zeit. Auch die

Individuen, die ihr als in der Vergangenheit lebend anseht, existieren jetzt, und ihr könntet euch vorstellen, daß sie genau so funktionieren wie ihr jetzt hier.

Wenn ihr euch zum Beispiel auf eine "geschichtliche" Epoche konzentriert und den Brennpunkt eurer Aufmerksamkeit dorthin verlegt, dann erfüllen euch immer mehr die Ideen und Gedanken dieses Lebens. Schließlich seid ihr ganz diesem Teil eures Erlebens verhaftet, und je mehr Energie ihr durch euer Bewußtsein in diesen Zeitrahmen hineinzieht und euer Licht auf diese Vorstellung konzentriert, umso mehr von eurer Seelenkraft ist in diesem Erleben. Es wäre euch ein leichtes, diese Wirklichkeit hier zu verlassen und euch in eine andere Realität der Vergangenheit zu begeben und diese genauso zu erleben wie jetzt eure Gegenwart.

Genauso könnt ihr euer Bewußtsein auf die Zukunft konzentrieren und euch so intensiv in Aktivitäten verwickeln, die ihr als zukünftig wahrnehmt, daß mehr von eurem Bewußtsein darauf konzentriert wäre als auf das Hier und Jetzt. Dann wärt ihr mit einer zukünftigen Tätigkeit beschäftigt, aber sie geschähe jetzt.

Es ist ein ziemliches Rätsel für euch, aber ihr müßt auf diese Wahrheit auch die folgende, gleichermaßen interessante Idee anwenden, daß ihr als Geschöpfe auf vielen Ebenen und in vielen Dimensionen des Selbst existiert, und daß es andere Aspekte von euch gibt. Diese Teile von euch leben andere Leben und sind jetzt in anderen Realitäten. Ihr könntet also, solltet ihr beschließen, eine solche Reise zu unternehmen, in einer anderen Realität einem anderen Teil von euch begegnen. Diese anderen Teile von euch in anderen Realitäten kommen euch im Laufe eures Wachstums und Fortschreitens im Leben manchmal sehr nahe.

Daher kommt es, daß ihr euch manchmal für einen flüchtigen Augenblick sehr zu einem Leben hingezogen fühlen mögt, das ihr als in eurer Geschichte liegend verstehen würdet, oder zu einem Leben, das euch phantastisch und jenseits der normalen Bewußtseinsbereiche erscheint. Ein Teil eures Bewußtseins ist dort aktiv und tut euch diese Realität fast wie ein Wispern tief in eurem Inneren kund.

Wenn wir diese gegenwärtige Phase des Bewußtseins betrachten, das letzte Jahrzehnt dieses zweitausendjährigen Zyklus', dann werdet ihr merken, daß das Bewußtsein der Menschheit wie durch einen Trichter oder einen bestimmten Kanal der Aktivität und Möglichkeiten gezogen wird. Während ihr jetzt auf diese Realität hier konzentriert seid, merkt ihr, daß die Stränge von Möglichkeiten, zu denen euer Bewußtsein sich hingezogen fühlt, enger zusammengezogen werden. Das geschieht durch die planetarischen Meister und Hierarchien.

Mit ihrem Willen weben sie, im Einklang mit dem Göttlichen Plan, alle Möglichkeitsstränge durch eine kleine, aber klar definierte Öffnung oder Tür, durch die sie hinaus in einen noch größeren Bereich der Möglichkeiten, des Ausdrucks und des Bewußtseins gelangen.

Deshalb sendet die Sonne, das Licht, das ihr als Sonne sehen könnt, jetzt einige der mächtigsten, inspirierendsten und zutiefst aufrührenden Energien und Strahlen aus, die der Mensch je erlebt hat. Alles, was den Menschen in der Zeit und in seiner Begrenzung gefangenhält, ist sein Unwille, an sich selbst zu glauben als ein transzendentes Wesen jenseits von Zeit und Raum.

Relative Zeit und Beschleunigung

16.8.89

Zeit ist ein relativer Begriff. Die Existenz und Beschaffenheit der Zeit hängt davon ab, wo man sich befindet. Stellt euch vor, wie das Zeitverhältnis sich auf eurem eigenen Planeten verändert hat, wie anders es vor langer Zeit für die damaligen Menschen war, als es keine Technik in eurem Sinne gab, wo nur das Aufgehen der Sonne und das Aufsteigen des Mondes am nächtlichen Himmel die Übergänge von einer Phase zur nächsten bestimmten. Wo der Mensch in bestimmten Bereichen des Planteten klare Jahreszeitenwechsel hatte, konnte er die Rhythmen und Zyklen des Lebens verstehen, und innerhalb dieses Rahmens entwickelte er allmählich seine Beziehung zu aller Erfahrung durch seine Einteilung der Zeit.

In eurer Gesellschaft kann man Zeit jetzt von einem abstrakten Standpunkt aus betrachten und bestimmen, wie die Zeit funktionieren sollte, aber selbst im Kontext eures eigenen Planeten müßt ihr der Relativität der Zeit Rechnung tragen, denn ihr müßt euch anpassen, wenn ihr euch um die Erde herum von einer Zeitzone in die andere bewegt. Denn selbst auf der Erde ist Zeit ein lokal begrenzter Begriff.

Wenn ihr um die Erde herumreist, begreift ihr Zeit als die Illusion, die sie in Wahrheit ist. So müßt ihr verstehen, daß das, was ihr Zeit nennt, der Abstand zwischen zwei Ereignissen, jetzt kürzer wird. Oder sollten wir sagen, daß in dem Maße, wie das Bewußtsein des Menschen angehoben wird, mehr in der Zeit zu geschehen scheint. Die Ereignisse und Umstände scheinen sich zu beschleunigen, und das Leben ist so für viele Menschen zu einer vollgestopften oder sogar überladenen Erfahrung geworden.

Das kommt daher, daß ihr, wie schon früher gesagt wurde, in den Geburtswehen einer neuen Bewußtseinserfahrung steckt. Genauso wie die Mutter schneller atmet, wenn sie ihr Kind zur Welt bringt, werden die einzelnen Rhythmen des Bewußtseins schneller, je näher die Geburt des Neuen Bewußtseins heranrückt.

Daher scheint sich die Zeit zu beschleunigen, und der Mensch muß innerhalb dieser Zeit an der Beschleunigung seines eigenen Bewußtseins arbeiten, so daß die relative Erfahrung für ihn konstant bleibt.

Wo sich der Mensch langsam entwickelt und der Veränderung widersetzt, kann seine Erfahrung von Zeit sehr schwierig werden. Er wird sich vielleicht vorkommen wie in einem unkontrollierbaren Wirbel von Aktivitäten. Wenn er aber gelernt hat, sich durch seine Seele auf die größeren Kräfte des Universums in seinem Inneren einzustimmen, wird die Beschleunigung der Zeit wie nichts für ihn sein. Denn sein eigenes Bewußtsein wird sich anpassen, und er wird sehen, daß die Zeit für ihn bloß eine zeitweilige Erfahrung von Rationalität ist und daß er sie nicht länger braucht.

Zeitlosigkeit

Um euch Zeitlosigkeit vorzustellen, könnt ihr an Momente denken, wo ihr ganz still dasitzt und anfangt, den Kontakt mit dem Denken und der Wahrnehmung zu verlieren, wo eure Sinne nicht von den Wörtern oder Bildern, Ideen oder Geräuschen bombardiert werden, die normalerweise eure geschäftige Welt zu beherrschen suchen und eure Aufmerksamkeit dominieren. Es sind Augenblicke, wo ihr einfach dasitzen könnt und euren Gedanken zu schweifen erlaubt, zu tagträumen, um dann zu merken, daß eine Zeit verstrichen ist, während der ihr in der physischen Welt keinen besonderen Brennpunkt der Aufmerksamkeit und keine Aktivitäten hattet.

Auf diese Weise fangt ihr an, die Zeitlosigkeit der Realität zu erfahren, was ihr durch Meditation noch ausweiten könnt. Deshalb scheint es in gewisser Hinsicht auch denkbar, Unmögliches möglich zu machen, denn durch die Zeitlosigkeit des Göttlichen kann jede Art von Erfahrung in eure Realität sozusagen hineinschlüpfen, wenn das der schöpferischen Absicht des einzelnen und dem kollektiven Ganzen am besten dient.

Die Zeit meistern

Betrachtet euch also immer als Meister über die Zeit. Seid euch im klaren, daß euch Zeit dazu dient, eure Erfahrungen verstehen und messen zu können. Wenn das nicht mehr so funktioniert, wie es gut für euch ist, und wenn es euch unerwünschte Grenzen aufzuerlegen scheint, dann denkt daran, daß ihr der Herr über euer Erleben von Zeit seid und daher eure Wahrnehmung der Dinge entsprechend verändern könnt, um euch angemessenen Raum und Gelegenheit zu geben, zu vollbringen, was in eurem Leben notwendig ist.

Zeit existiert nicht, wenn der Mensch aus den Begrenzungen seiner kleinen Welt in die größere und ins Universum hinausgeht. Wie eure Physik entdeckt hat, gibt es keine Zeit, sondern nur Leben und den Augenblick des Bewußtseins, der jetzt existiert. Die Zeit ist lediglich eine Illusion, um euch innerhalb der Erfahrung der physischen Welt abzusichern.

Die Beschleunigung der Zeit und die Jahreszeiten

14.8.91

Ihr werdet in euren Angelegenheiten merken, daß sogar die Zeit selbst schneller voranzugehen scheint. Das ist wirklich so, denn die Schwingungen der Erde und alle Phänomene, die mit der Erde zusammenhängen, beschleunigen sich. Das läßt sich mit jeder Art von Geburt vergleichen,wo der Stoffwechsel der Mutter sich beschleunigt, wenn sie sich auf dieses letzte und schönste Drängen des neuen Lebens in die Existenz und Geburt vorbereitet.

Hier beschleunigt sich der Atem des Lebens selbst, und diese Beschleunigung geschieht jetzt mit der gesamten Menschheit. Euch allen geschieht sie, und deshalb scheint es, als verstriche eure Zeit schneller. Eure täglichen Angelegenheiten scheinen oft von besonderer Dringlichkeit und sogar flüchtiger Qualität, so daß es schwierig wird, sich an irgend etwas zu halten. Sogar in der Natur, bei den Pflanzen, den Bäumen und den Geschöpfen der Erde werdet ihr diese Beschleunigung beobachten können. Ihre Zyklen der Aktivität werden schneller. Auch innerhalb eurer Jahreszeiten werdet ihr Veränderungen wahrnehmen können, als käme zum Beispiel der Herbst vor seiner normalen Zeit. Auch der Winter scheint manchmal plötzlich und schnell zu kommen, und der Frühling folgt oft viel rascher, als ihr es für möglich hieltet. Die jahreszeitlichen Veränderungen werden für viele weniger klar definiert sein.

Die Illusion, das Jetzt und eure wahre Macht

26.6.91

Wir sprechen oft von vergangenen Zeiten. Wir sprechen von Inkarnationen, die wir verstehen können oder die wir für euch am besten innerhalb des Rahmens vergangener Leben ausdrücken können. Es gibt jedoch keine Vergangenheit und keine Zukunft.

Leben, die wie vergangene Leben aussehen, könnten ebensogut als Leben im Jetzt oder in irgendeinem zukünftigen Raum betrachtet werden, die ihren Schatten rückwärts über dieses Leben und diese Realität werfen.

Es ist wichtig zu erkennen, daß ihr als Wesen vieldimensionale Geschöpfe seid und daß die Seele immer viele

Aspekte ihrer selbst ins Bewußtsein setzt. Diese Ebenen des Bewußtseins sind divergent, obwohl sie sich tatsächlich sehr dicht durchdringen, und ihr habt die Möglichkeit, eure vergangenen Inkarnationen anzuschauen, in dem Sinne, daß sie jetzt geschehen und daß die "vergangenen" Ereignisse noch dabei sind, sich zu entfalten.

Für die gesamte Entfaltung eurer Wahrnehmung ist es von größter Wichtigkeit, daß ihr das versteht, denn es unterstreicht die Wahrheit, daß der einzig wichtige Punkt in eurem Leben der jetzige Augenblick ist, der Moment, in dem ihr euch jetzt denken hört, und daß es keine Phase der Erfahrung gibt, die von größerer Wichtigkeit ist. Dieser Augenblick ist es, diese Realität, die die Macht hat, die wahre Macht. Von eurem Standpunkt aus gesehen bedeutet das, daß ihr, wenn ihr wollt, eure Realität ändern und eine Realität aufbauen könnt, die mit irgendeinem Bewußtsein eurer Wahl in Einklang ist. Ihr könnt euch eine Realität aufbauen, die eine Zukunft löscht, die ihr euch schon konstruiert hattet, und könnt euch dann eine Zukunft bilden, die ihr annehmbarer und besser im Einklang mit eurem jetzigen Gedankenstrom findet.

Die Seele sieht viele Möglichkeiten

Ihr könnt es euch ungefähr so vorstellen, als befändet ihr euch in der Mitte eines großen Spielfeldes voller Linien, auf denen ihr weiterlaufen könnt, und wenn ihr euch von der Mitte des Feldes aus bewegt, folgt ihr einer bestimmten Bahn innerhalb des Musters. Um jedoch das ganze Muster lebendig zu halten, auch wenn ihr euch hauptsächlich auf eine Bahn darin konzentriert, betrachtet ihr das ganze Muster von oben, so wie eure Seele es tun würde. So seid ihr euch auch der anderen Möglichkeiten auf demSpielbrett bewußt. Euer Seelenbewußtsein verfolgt diese ebenso wie den Weg, dem ihr mit eurer Persönlichkeit gerade folgt.

Wenn ihr euch entschließt, euer Muster zu ändern, könnt ihr den Brennpunkt eures Bewußtseins von einer Realitätsschiene auf eine andere verlagern, und dabei verändert sich nur der Brennpunkt eures Bewußtseins, euer Hauptaugenmerk. Aber gleichzeitig existieren all die anderen Wege auf dem Brett, und sie sind für euch alle real. Von eurer höheren Wahrnehmung aus könnt ihr sie alle klar sehen und verstehen und könnt euch nach Belieben darauf hin- und herbewegen.

Nun ist dies kein flaches Spielbrett, auf dem ihr euch befindet. Es ist nicht zweidimensional, sondern multidimensional, und ihr könnt euch nicht nur hin und her, sondern auch rückwärts und vorwärts, hinauf und hinunter und in jede Richtung bewegen, die euch einfällt. Ihr seid daher mit vielen Möglichkeiten gesegnet, und während ihr auf dem Weg eurer Wahl dahingeht, mag es vorkommen, daß euch durch die höhere Vision eurer Seele Erfahrungen wieder erinnerlich werden, die auf einem anderen Wege liegen; den ein anderer Teil von euch versteht.

Das gilt für alle Menschen und alle Wesenheiten, und so könnt ihr euch mit verschiedenen Realitäten innerhalb eures eigenen Erlebens verbinden und Leben und andere Realitäten verstehen und sie als vergangen betrachten. Aber ebenso leicht könntet ihr sie als zukünftig sehen, denn von unserem Standpunkt aus gesehen sind auch die Muster für die Zukunft schon da. Auf dem Spielfeld des Lebens existieren sie bereits.

Zeit und Gesundheit

Es ist so wertvoll und befreiend, das zu verstehen. Wir wollen es einmal in Hinblick auf euer physisches Heim betrachten, auf euren physischen Körper. Wenn ihr irgendwann einmal körperliche Gesundheit oder Vollkommenheit erlebt habt, dann ist es euch absolut möglich, das wieder zu erleben, und zwar so oft und so lange ihr das möchtet. Das heißt, ihr könnt so oft und so lange gesund sein, wie ihr wünscht.

Es geht nur darum, zu lernen, die Begrenzungen in eurem Denken aufzuheben und euch auf Gedanken von Vollkommenheit und Gesundheit zu konzentrieren, also auf diese Wahrheit von Vollkommenheit einzustimmen, die ihr in der Vergangenheit erlebt habt und in der Zukunft erleben könnt. Auf diese Weise überwindet ihr die Beschränkungen der Zeit und lebt im Jetzt eurer Wahl.

Kapitel drei

Von Planeten, Außerirdischen und Raumschiffen

Dieses Kapitel enthält ein paar Mitteilungen, die sich auf unseren Platz im Kosmos und auf andere Wesenheiten beziehen, die auch innerhalb des dreidimensionalen Universums leben und sich uns hier auf der Erde zuweilen nähern.

13.1.88

Der Mensch mit seiner Persönlichkeit versteht nur sehr schwer, daß seine eigene Lebensform nur eine unter vielen möglichen Arten der Erfahrung ist. Er selbst ist mit vielen Ebenen der Realität in Berührung gekommen, die sich erheblich von der unterscheiden, in der er jetzt lebt und funktioniert. Dennoch ist es schwer für ihn, Leben zu einer anderen Zeit und an einem anderen Ort zu verstehen und damit in Beziehung zu treten, Leben in einer Dimension, die seine jetzige Dimension durchdringt und mit ihr in Austausch treten kann, aber auf eine Weise, die er nicht physisch spürt und weiß.

Es gibt viele Gerüchte über die Seelen (die Astronauten), die eure Erde und ihren Einfluß verlassen haben, um mit dem All in Berührung zu kommen und sich eurem Mond zu nähern. Ein paar sind tatsächlich auf der Mondoberfläche herumspaziert. Sie sagten, sie hätten dort kein

Leben vorgefunden. Soweit sie das beurteilen könnten, sei der Mond eine tote Landschaft, die hauptsächlich aus bestimmten Mineralien und niedrig schwingenden Substanzen bestehe, zwar interessant, aber nicht weiter aufregend.

Jede Bewegung derer, die zur jetzigen Zeit Astronauten waren, wird genau von Wesen beobachtet, die nicht mehr in der Sphäre der Erde leben, und auch von Wesen, die nie hier gewesen sind. Dem Menschen in seinen Irrungen und Wirrungen kann nicht gestattet werden, ohne Hilfe und Aufsicht in den weiten Weltenraum von universalem Einfluß einzudringen. Nicht nur könnte er selbst zu Schaden kommen, sondern, was noch wichtiger ist, könnte er jenen Schaden zufügen, die er nicht sieht und nicht versteht.

Alle diese Unternehmungen werden deshalb geleitet und unterstützt, denn wir möchten, daß der Mensch seine Umgebung erfolgreich verstehen lernt, sowohl die nähere, als auch die, in die er sich – in der Hoffnung und dem Wunsch, an Wissen und Weisheit zu wachsen – hinausbegibt. Denkt jedoch daran, daß ihr alle diese Dinge von einem begrenzten Standpunkt aus seht.

Wenn ihr von Raumfahrt sprecht, dann tut ihr es unweigerlich aus eurer eigenen Zeitvorstellung heraus. Ihr kalkuliert, wie lange es wohl dauern wird, bis ihr den nächsten Planeten erreichen könnt, wie lange bis zum nächsten Stern und so weiter. Alle eure Überlegungen über die Durchführbarkeit eines solchen Unternehmens sind von eurem sehr begrenzten Verständnis der physischen Rolle der Realität beherrscht, in der ihr lebt.

Das Leben auf anderen Planeten

Zunächst einmal möchten wir sagen, daß alle Planeten eures Sonnensystems von intelligenten Lebensformen bewohnt sind. Es gibt keinen, der nicht bewohnt ist.

Es gibt Wesenheiten von anderen Planeten, die auf die Erde kommen, um zu beobachten, und zwar nicht als "Geister", wie ihr das verstehen würdet, sondern durch dieselbe (physische) Dimension manifestiert, in der ihr jetzt seid, einfach nur in einem etwas anderen Ton oder einer höheren Frequenz. Sie nehmen, um hierherzukommen, die Form eines Raumschiffes oder irgendeiner Art beweglichen und kontrollierbaren Fahrzeugs zu Hilfe, die es ihnen ermöglicht, sich den Schwingungen des niederen Äthers und den physischen Dimensionen des Planeten zu nähern.

Auch ihr könnt euch zwischen den Inkarnationen mit bestimmten Schwingungen des planetarischen Systems verbinden, um mit ihrer Hilfe zu wachsen und sonstigen Nutzen daraus zu ziehen. Deshalb interessiert euch manchmal ein bestimmter Planet ganz besonders, und ihr wandert in Gedanken dorthin und fragt euch vielleicht, was euch daran so anzieht.

Im Zusammenhang mit manchen der anderen Planeten dieses solaren Musters gibt es Lebensformen, die ihr nicht so leicht verstehen würdet. Die Aufgabenbereiche ihrer Existenz sind den euren völlig fremd. Ihr Blickwinkel auf die Realität ist ein völlig anderer als der eure, und ihr hättet daher keine gemeinsame Basis für eine Kommunikation. Ihr würdet sie als nahezu unerreichbar empfinden, unmöglich fast, sie zu verstehen oder intellektuell mit ihnen in Beziehung zu treten.

Nicht, daß sie euch feindlicher gesonnen wären, als ihr es ihnen gegenüber wärt. Nur gibt es bisher zwischen ihnen und euch auf einer bewußten Ebene keine einfache Verbindung. Natürlich ist auch in ihnen die Essenz des Göttlichen, so wie in euch, immer vorhanden. Aufgrund eurer Ebene und Periode des Wachstums könnt ihr jedoch zu dieser Zeit nicht mit diesen Seelen und ihrem Tun und Sein in Beziehung treten.

Auf den anderen Planeten innerhalb eures Systems gibt es Seelen, die man als höher entwickelt betrachten könnte als der Mensch, denn sie sind zu keiner Zeit von ihrem Muster innerhalb des göttlichen Prinzips abgewichen oder haben sich dagegen aufgelehnt. Sie sind daher besser im Einklang mit diesem göttlichen Prinzip und können klarer mit ihm in Beziehung sein. Allerdings haben sie dadurch auch keine der anspruchsvolleren Teile des Lebens erfahren, die ihr in der physischen Welt habt, und so könnte man sie in anderer Hinsicht auch wieder als weniger entwickelt betrachten.

Eure Leben und eure Welt sind wirklich eine Illustration dafür, wie das Göttliche das, was seinen Weg verzerrt und verloren hat, erlösen und auf seinem bewußten Heimweg in etwas Schöneres verwandeln kann. Aus einer scheinbaren Katastrophe kehrt das Göttliche, der Vater, auch diesmal im Triumph zurück. Denn aus Seinem Kind, das so tief gesunken ist, wird Er am Ende Sein schönstes Juwel hervorgehen lassen. Das ist die Höhe, die die Menschheit erklimmen muß, wenn sie die Zeiten der Verzweiflung und Not hinter sich läßt und zum Licht und der Erleuchtung reinen Denkens und reinen Seins zurückkehrt.

Außerirdische und der Mensch

1.6.88

Wie viele von euch vielleicht wissen, wird oft heftig bestritten, daß es je irgendeine offiziell bestätigte Begegnung mit Wesen außerirdischer Herkunft gegeben habe. In Wahrheit geschieht so etwas sehr häufig. Vergeßt nicht, daß jeder von euch hier ebenfalls ein Außerirdischer ist, der nur zeitweilig ins Erdenbewußtsein verstrickt ist. Es ist daher nur eine Frage der Zeit, bis die Illusion, die dieses Wissen vor der Menschheit verborgen hält, wegfällt und die Wahrheit allen offenbar wird.

24.7.91

Es ist gut möglich, daß in der allernächsten Zukunft, insbesondere während der nächsten fünf bis sieben Jahre, häufiger Wesen gesehen werden, die nicht von dieser Erde sind, Wesen, in denen sich das Göttliche ziemlich anders ausdrückt als in euch. Die Berichte von Raumschiffen und Fahrzeugen, die interplanetarische und interstellare Wege weben, werden wahrscheinlich häufiger werden. Viele dieser Wesen werden nun – selbst wenn sie eine Gedankenform als Fahrzeug benutzen – dies in einer Frequenz tun, die das Fahrzeug für die Erdenbewohner unsichtbar macht. Sie werden auf einer tonalen Ebene oder Frequenz schwingen, die ihnen gestattet, im Äther zu existieren, aber nicht innerhalb der niedrigeren Dimensionen der physischen Welt.

Wenn wir dies noch auf andere Weise betrachten, werdet ihr verstehen, daß diese Fahrzeuge zwar in den Schwingungen des Äthers funktionieren, darin aber von Zeit zu Zeit so starke Eindrücke hinterlassen, daß sie schließlich auf der Erde sichtbar werden. Es gibt viele Berichte von unerklärlichen Zeichen auf der Erde, zum Beispiel in Kornfeldern, auf Hochebenen und so weiter, und manchmal ist das ein Anzeichen für eine bestimmte Ebene von Kommunikation und Kontakt im Äther, und indem der Äther die physische Ebene beschleunigt hat, ist der Ausdruck davon im physischen, menschlichen Sinne klar und sichtbar geworden, und ihr könnt also bestimmte Phänomene sehen.

Dies ist keine Erklärung für die "Kornkreise", wie ihr sie nennt, denn diese haben verschiedene Ursachen; bestimmte ungewöhnliche Phänomene, die in dieser Zeit gehäuft auftreten, sind vielmehr der sichtbare Ausdruck eines bestimmten Austausches Göttlicher Energie, die vom Sonnenlogos ausgeht.

Diese Energie schafft eine Art Trichter oder eine Kraft über diesen Gebieten und Feldern, die wiederum die

Muster im umliegenden Äther verändern. Das kanalisiert schließlich Energie in die Erde, die sie aufnehmen und so mithelfen kann, das planetarische Schwingungsfeld und Bewußtsein anzuheben.

Viele Wesen kommen zu dieser Zeit von anderen Planeten und aus anderen Sonnensystemen und sogar noch weiter her von jenseits eurer Galaxie, um die Erde zu beobachten und zu unterstützen.

Wesen, die die Erde beobachten

Wenn ihr mit eurem Bewußtsein über diesen Planeten hinaus und durch euer Sonnensystem wandern würdet, könntet ihr Wesen begegnen, die die Erde jetzt beobachten. Sie beobachten nur – sie sind nicht hier, um einzugreifen, außer vielleicht um zu helfen, wo sich eine Möglichkeit ergibt, das neue Bewußtsein für den Planeten vollkommen zu entfalten. Es gibt Wesen mit einem Bewußtsein – und damit auch den entsprechenden Fortbewegungsmitteln – von jenseits des Sonnensystems, die sich in der Nähe der Erde, eures Systems, aufhalten und versuchen, die Aktivität und die Schwingungsbeschleunigung, die sich jetzt manifestiert, zu unterstützen.

Während wir hier mit euch sind, beobachten uns Wesen von anderen Ebenen und anderen Planeten, und sie sehen, daß einige Menschen dieser Erde, wenn auch nur wenige, den Botschaften von jenseits der Erde lauschen. Es ist ihnen ein Rätsel, warum nicht mehr Menschen bereit sind, die Ideen und Gedanken von anderen Ebenen zu hören. Ihr hättet großen Nutzen davon, wenn ihr bereit wärt, euch auf sie einzustimmen und zu hören, welche Einsichten und Weisheiten sie euch mitteilen können. Sie haben bemerkenswerte Dinge zu lehren, denn wenn sie auch keine Erdenwesen sind, so waren sie doch Bedingungen ausgesetzt, die denen der Erde sehr ähnlich sind, und sie leben noch in einem Stadium, das dem eures Äthers gleicht. Sie verstehen deshalb die feste Welt der Form, intensive Dichte und die Gesetze der physischen Manifestation auf eine Weise, die für euch schwer zu erfassen ist.

Vielleicht hört ihr in den kommenden Wochen und Monaten häufiger, daß Leute behaupten, Außerirdische gesehen zu haben. Manche werden sicherlich absurde Behauptungen aufstellen; viele Aussagen sind natürlich Fehlanzeigen. Kein Wesen, das die Macht und die Mittel besitzt, sich der Erde zu nähern, würde seine Zeit und Energie auf so triviale und ziemlich alberne Vorstellungen verschwenden, wie sie in manchen Geschichten dargestellt werden, die ihr von Zeit zu Zeit hört. Es gibt jedoch Wesen, die sich der Erde nähern und die Kontakt mit euch aufnehmen, wenn ihr es wollt, und sie verstehen den Großen Plan.

Hilfe von Außerirdischen

Eine ihrer Missionen ist im Augenblick, Umweltschäden wieder in Ordnung zu bringen, die die Menschheit verursacht hat. Sie sind besonders im Bereich der Pole aktiv und versuchen dort, gewisse chemische Einflüsse zu schaffen, die helfen können, die Ozon- und andere wichtige Schichten um die Erde herum strukturell zu erhalten. Sie bringen auch Licht- und Diffusionsenergien, die der Menschheit helfen, die Intensität des neuen Lichtes zu verkraften, das in den nächsten zwanzig bis dreißig Jahren überall auf der Erde zu erfahren sein wird.

Ihr merkt vielleicht, daß das Licht heller als früher zu sein scheint. Das Licht um die Erde herum wird stärker, und einige der außerirdischen Wesen bringen Lichtgewebe, die einen Teil dieser Energien auf ihrem Weg in eure normale Lebenssphäre brechen und filtern.

Es gibt auch Wesen von anderen Ebenen, die auf der Erde selbst und in der Dichte der Erde wirken. Sie arbeiten zum Beispiel daran, die Myriaden von Tunneln zu reparieren, die ihr in die Erdkruste gegraben habt. Viele dieser Tunnel sind auf der Suche nach anscheinend wichtigen unterirdischen Bodenschätzen entstanden, nach Öl und Kohle usw., manche auf der Suche nach Luxusgütern, nach Edelsteinen und Edelmetallen.

Hier stehen sie vor einer schwierigen Situation, denn viele der Schäden sind sehr tiefgreifend, und die Erde ist irritiert von den Schäden und Narben in der Haut und im Fleisch ihres eigenen Körpers. Manche der Außerirdischen helfen, das Gewebe neu zu strukturieren, das diese besonders verwickelten Tunnel und Gänge der Menschen abstützt.

Andere Wesen kommen in eure Nähe, weil sie von einem ähnlichen Planetensystem sind wie das eure, aus dem ihr stammt. Ihr selbst seid aus einem bestimmten Sternensystem gekommen, und die, die in demselben Sternensystem leben und gelernt haben, sich in einer relativ physischen Dimension zu bewegen und die bewußte Verbindung mit ihrer planetarischen und Sternenquelle aufrechterhalten haben, kommen euch jetzt um die Erde herum zur Hilfe, obwohl sie selber nie in einem irdischen mentalen Muster und in einem irdischen Körper inkarniert waren, wie ihr es hier seid.

Ihr müßt verstehen, daß ihr weder einfach planetarische Wesen seid noch auch Geschöpfe dieses Sonnensystems, sondern ihr seid hier nur vorübergehende Bewohner.

Ihr seid Kinder des Kosmos, und all seine Herrlichkeit und Weisheit ist um euch, hilft euch und liebt euch.

Wunderbare Geister sind bemüht, mit euch in Verbindung zu treten, um so der Menschheit eine frische, tiefere Bewußtheit ihrer kosmischen Herkunft zu schenken.

Seid euch dessen gewiß und freut euch darüber.

Kapitel vier

Diese rassische Epoche auf der Erde – Lemuria und Atlantis

In den Lehren, die wir empfingen, war immer wieder die Rede davon, daß der Mensch schon frühere Zivilisationen auf der Erde erlebt hat, während derer er ein bewußteres und deshalb begabteres Geschöpf war als jetzt. Es war auch die Rede davon, daß der wahre Ursprung des Menschengeschlechts jenseits dieses Sonnensystems liegt. Die folgenden Auszüge handeln von diesen Themen.

Der Weg der Seelen in die Individualität

7.11.90

Als dem Menschen die Gelegenheit gegeben wurde, die Quelle seines Seins zu verlassen und sich in viele Erfahrungen zu differenzieren, wurden die Seelen der Menschen ins Leben und in den gesamten erschaffenen Kosmos hinausgeworfen. Für alle Seelen, die aus dem Göttlichen heraustraten, gab es die Möglichkeit einer Vielzahl von Erfahrungen, wie wir sie uns in menschlicher Ausdrucksweise unmöglich auch nur ansatzweise vorstellen können.

So geschah es, daß alle Seelen in einem Augenblick ins Leben, in die Realität hinausgeworfen wurden, so daß Gott, die Quelle, aus der alle kommen, sich selbst auf unendlich viele Weisen ausdrücken konnte, und jede menschliche Seele trägt in sich die vollständige und wunderschöne Möglichkeit, auf die Weise, wie sie ihre eigene Erfahrung hat und ihr Leben führt, Gott zum Ausdruck zu bringen.

20.11.91

Der Mensch selbst versteht nicht, wie unendlich groß seine Realität ist. Die meisten Menschen haben keine Vorstellung von ihrem wahren Erbe und davon, wie sie entstanden und gewachsen sind. Während der Bewußtseinsepoche von Lemuria begann der Mensch effektiv, seine menschliche Form anzunehmen. Vor dieser Zeit bestand keine echte Verbindung zwischen dem Menschen und seinem körperlichen Selbst, wie ihr es jetzt kennt. Die Menschen kamen erst nach der Entfaltung der lemurischen Rasse und ihrer Unterrassen wirklich körperlich auf die Erde.

Vor der lemurischen Zeit war die dichteste Form des Menschen seine emotionale oder Wunschnatur, wie ihr es verstehen würdet. Mehr hatte er nicht. Diese spezielle Rasse hieß "Adamische Rasse" und lebte in einer Art Astralebene oder einem astralen Bewußtsein und hatte keine feste Verbindung mit der physischen Erde.

Die nächste Gruppierung war die "Hyperboräische". Der Hyperboräer kam nahe an die Erde heran und konnte im Äther oder auf den feinstofflichen Ebenen der Erde wirken, mehr aber nicht. Er konnte auch eine Ätherform aufbauen und als ätherisches Wesen existieren.

7.10.90

So geschah es, daß sich viele Wesen der Erde und dem Einfluß der Schwerkraft näherten. Diese Wesen machten Erfahrungen mit der physischen Dimension, aber gleichzeitig waren sie sich ihrer geistigen Natur sehr bewußt. Sie waren noch immer sehr stark mit der Quelle verbunden, aus der sie gekommen waren, und sie wußten um ihre wahre Identität. Sie konnten gleichsam die Erde auf sehr leichte und einfache Weise erproben, ohne von ihr überrollt und beherrscht zu werden, wie ihr es jetzt hier meist seid. Sie führten ein Leben, durchleuchtet von der Liebe des Göttlichen Wesens, ein Leben, das anfänglich eine Freude und ein Paradies war.

Zu dieser Zeit war der Mensch ein vollständiges Wesen, das heißt, er war androgyn. Er war männlich und weiblich zugleich, eine in sich vollständige Wesenheit. Dies war der Anfang der Zeit auf der Erde, die Frühzeit. Dies waren die Erfahrungen der ersten Menschen eurer Rasse.

Mit der Zeit und mit zunehmend sich entfaltender Erfahrung wuchs die Neugier im Seelenkörper des Menschen. Er fing an, sich zu wünschen, immer tiefer und weiter in die physische Erfahrung vorstoßen zu können, und damit entfernte sich der Mensch allmählich, aber sehr real, von der Essenz des Wesens, aus dem er gekommen war, und so mußte er nun intensiver daran arbeiten, weiterhin mit dem Göttlichen Wesen im Einklang zu bleiben.

Sehr oft konnte der Mensch dieser Epoche ganz klar die Entfaltung seines Lebens selbst wählen. Er konnte entscheiden, wann er geboren wurde und wann er sich von der Erdenerfahrung wieder zurückziehen wollte. Eine Inkarnation konnte, zeitlich ausgedrückt, viele, viele Hunderte von Erdenjahren dauern. Der Tod hatte also keinerlei Macht über den Menschen, so wie jetzt, denn der Mensch war sich dessen bewußt, daß er diese Ebene nach Belieben betreten und verlassen konnte.

Diese erste Lebenserfahrung auf der Erde war eine sehr freudige. Der erste Kontinent, auf dem der Mensch Erfahrungen sammelte, war der, der als Lemuria bekannt ist. Dies war die erste Erfahrung des Seelenwesens, das in das Bewußtsein der physischen Form der Erde eintrat, aber es war wirklich eine leichte Verbindung. Die ersten physischen Körper waren nur aus leichtem Äther und hatten nicht die dichte physische Substanz, die ihr jetzt in eurer Form habt.

Im Laufe der Zeit wurden die Körper immer dichter und schwerer, und der Mensch tauchte in der Erdenerfahrung unter.

Die Entwicklung der physischen Form

19.9.90

Im Laufe der Entwicklung von Lemuria in seiner frühesten Zeit nahmen die passendsten Formen des menschlichen Körpers allmählich eine stabilere Gestalt an. Zunächst veränderte die physische Form, die da entwickelt wurde, oft sehr rasch ihre Struktur. Sie war sehr instabil, und man hätte sich darin keiner längerfristigen Existenz erfreuen können, denn oft veränderte sie sich innerhalb von Sekunden so grundlegend, daß binnen Minuten oder Stunden kaum noch etwas an ihre ursprüngliche Struktur erinnerte.

Selbst die sogenannte Erwachsenenform, die entwickelt wurde, hatte diese Instabilität, die es der Wesenheit äußerst schwer machte, mit ihrem dichten physischen Körper eins zu werden. Schließlich hatte sich der damalige Mensch eine Form geschaffen, die im Äther relativ gut und stabil war, aber es dauerte noch viele Äonen, bis die physische Form, mit der er verbunden war, zu der dauerhaften und effektiveren Struktur wurde, die wir heute als Körper bezeichnen.

In mancher Hinsicht ist es ganz ähnlich wie im vorgeburtlichen oder embryonalen Zustand, in dem sich die Seele durch ihre niederen Körper mit der physischen Form verbindet. Die Verbindung besteht schon, aber sie ist alles andere als dauerhaft.

Es sollte natürlich eine zweckmäßige Verbindung sein. Der Mensch wollte eine physische Hülle bewohnen, um darin Erfahrungen zu machen. Indem er in der physischen Form mit den niederen Energien in Berührung kommen konnte, den Energien, die ihn mit dem Reich der Tiere und Pflanzen und natürlich mit dem Mineralreich selbst verbinden, konnte er die animalische Natur der Materie benutzen, um sich zu erden und sich damit voll auf die Stufe des Planeten zu bringen, auf dem er sich inkarnierte.

Es wirkte gleichsam wie ein Magnet, was ihm ermöglichte, auf der Erde zu sein, genauso wie Menschen, die auf andere Planeten kommen, wo es keine Schwerkraft gibt, irgendeine Art Magnetismus brauchen, während sie noch in der physischen Form sind, um ihre Verbindung mit dem anderen Planeten aufrechterhalten zu können.

Zu jener Zeit galt das auch für den Menschen, und er brauchte etwas, um die physische Verbindung mit der Erde aufrechtzuerhalten. Für den frühen Menschen dieser Epoche war es ein natürlicher Vorgang, die Erde oft spontan und natürlich bewußt zu verlassen. Es gab einen bewußten Austausch von einer Ebene der Realität zur anderen.

Ihr müßt hier verstehen, daß das individuelle Bewußtsein in mancher Hinsicht noch nicht so gewachsen und entwickelt war wie das eurige heute, und deshalb geschah der Austausch, obwohl sich das Menschenwesen des Geschehens bewußt war, auf einer viel niedrigeren Ebene der Sensibilität, als es heute der Fall wäre. Für die frühen Geschöpfe von Lemuria war es relativ leicht, in ihrer physischen Form ein- und auszugehen.

Mit der Zeit jedoch geriet der Mensch in ziemliche Abhängigkeit von seiner physischen Form, und so entstand allmählich die beinahe zwanghafte Verbundenheit mit der physischen Realität.

Faszination und Sexualität

Die embryonale Wunschnatur des lemurischen Menschen geriet in den physischen Bereichen zunehmend in eine begeisterte Faszination, und er wurde geradezu besessen von der Tierhaftigkeit seiner eigenen Natur. Er entdeckte viele Möglichkeiten des Mißbrauchs dieser speziellen Fähigkeit. Manche dieser Mißbräuche hatte mit den Aspekten der Fortpflanzung zu tun und der Art, wie, physisch gesprochen, das Konzept der "dreieinigen" Natur des Lebens durch das Zusammenkommen zweier Elemente des Seins gefeiert wird, mit dem Vater- und dem Mutteraspekt, um den des Sohnes hervorzubringen in der dritten und schönsten Feier der Vereinigung der beiden Polaritäten des Lebens.

Während der lemurischen Periode nahm diese Blockierung im Bewußtsein des Menschen einen sehr großen Raum ein. Der Mensch wurde besessen von seiner Sexualität und dem Bedürfnis, sexuelle Energie auszudrücken entweder mit Dominanz der männlichen oder mit der der weiblichen Form, so daß sich also entweder der männliche oder der weibliche Aspekt des Göttlichen stärker manifestierte.

Die Folge davon war, daß schließlich ein Mensch entstand, der ein Teil des ganzen Wesens war und nicht mehr seine Ganzheit. Es war, wenn man so will, die Zeit, die das Verschwinden des androgynen Geschöpfes einleitete, das dann von der eingeschlechtlichen Form entweder mit vorherrschend männlichen oder weiblichen Eigenschaften ersetzt wurde.

Im Laufe dieser Bewußtseinsentwicklung wurde es mit der Zeit zunehmend schwieriger für den Menschen, die physische Dimension zu verlassen. Die magnetische Anziehung des Physischen überwältigte allmählich die niederen Aspekte des menschlichen Bewußtseins, und der Wechsel von einer Ebene zur anderen und zurück wurde immer schwerer. Der Mensch vergaß allmählich sogar sein wahres Wesen und seine wirkliche Verbindung mit den höheren Ebenen, und so begann seine Trennung von seiner göttlichen Natur. Der Mensch wandte sich in seinem Denken in zunehmendem Maße nach außen.

In der lemurischen Epoche gab es eine Zeit, wo der Mensch ganz leicht viel länger auf der Erde inkarniert sein konnte als die Lebensspanne, die ihr gegenwärtig hier verbringt. In der Frühzeit der physischen Inkarnationen des spirituellen Menschen dauerten diese vielleicht nur ein paar Tage, Wochen oder Monate. Schließlich wurden Jahre daraus, aus den Jahren Jahrzehnte und so weiter. Der Mensch wurde zu einem Geschöpf, das leicht in sein Erdenleben hineingehen und doch seine Göttliche Wahrnehmung beibehalten konnte, so daß ständig spirituelle Kraft in sein Wesen floß.

Geburt und Tod

7.11.90

Sehr oft konnte der Mensch dieser Zeit die Art der Entfaltung seines Lebens ganz bewußt wählen. Er beschloß, wann er geboren wurde und wann er sich aus der Erdenerfahrung zurückziehen wollte, und dazwischen konnten, zeitlich gesehen, viele, viele Hunderte von Erdenjahren liegen.

Der Tod hatte also keine Macht über den Menschen, so wie heute, denn der Mensch war sich bewußt, daß er die Freiheit hatte, zu kommen und zu gehen, wie es ihm beliebte. In gewissem Sinne ist das auch heute die Realität, aber der Mensch glaubt nicht mehr, daß es so ist, und aufgrund seiner Glaubens- oder besser gesagt Unglaubensmuster ist er in den Grenzen seines eigenen Bewußtseins und in den karmischen Mustern, die er über Äonen hinweg entwickelt hat, gefangen.

In dem Maße, wie der Mensch sich tiefer und tiefer ins Bewußtsein des Physischen und in einige der Verzerrungen, die da geschahen, verstrickte, verlor er allmählich den leichten Zugang zu den höheren Schwingungen und der Macht, die sie ihm verleihen. Er verlor in zunehmendem Maße das zentrale und schönste Element seines Erbes und begann den Abstieg in ein Bewußtsein von Trennung, Begrenztheit und Verzweiflung.

Dennoch war es während der meisten Zeit dieser ersten Periode der Evolution und Erfahrung des Menschen auf der Erde in Lemuria möglich, daß der Mensch wuchs und zu einem schönen Wesen wurde, einem Wesen, das vor allem andern noch immer im Einklang war mit seiner göttlichen Essenz und seinem Wesen.

Die lemurische Rasse lebte im Pazifik, und sie konnte sich schließlich einen Körper aus physischer Materie bauen und vollständig in die Erdenexistenz hereinkommen. In der Folgezeit wurde durch verschiedene Umstände die Erfahrung des Menschen korrumpiert, und die Zivilisation von Lemuria ging schließlich unter. Die Erde veränderte ihre Funkionsweise in bezug auf den Körper der Sonne, so daß sich die relative Stellung ihrer Achse verschob. Die Meere verlagerten sich, und die bisherige Gestalt der Erdoberfläche veränderte sich. Es gab Vulkanausbrüche, und als Lemuria allmählich unter den Meeren verschwand, wurde das lemurische Wesen über die ganze Erde verstreut.

Atlantis

6.11.90

Es gab eine weitere große Menschenrasse, die uns ebenso verlorengegangen ist, eine Rasse, in der der Mensch den Höhepunkt seiner Erfahrung erlebte und die Naturwissenschaften und physikalischen Gesetze verstehen lernte. Die Wurzeln dieser Rasse lagen in Lemuria; Lemurier ließen sich auf Atlantis nieder und öffneten sich Einflüssen außerirdischer Herkunft.

In der Periode von Atlantis wurde der Mensch zu einem sehr selbstsüchtigen und kriegerischen Wesen. Er war außerordentlich habgierig und machtbesessen und glaubte vor allem an sich selbst. So kam es, daß der korrupte Mensch, der auf der Erde lebte, über eine Periode hinweg geschüttelt und gebeutelt wurde. Dann kamen, wie ihr es aus eurer eigenen Geschichte und Religion wißt, wieder große Veränderungen über die Erde.

Auch Atlantis verschwand unter der Meeresoberfläche, und zwar in zwei Phasen. Die erste Phase liegt viele Äonen zurück, ungefähr um die vierundzwanzigtausend Jahre, als der erste Teil von Atlantis verschwand, und das ist, wie euch vielleicht interessieren wird, die Zeit, die in der Bibel die Sintflut genannt wird, als Noah und seine Familie in eine andere Gegend gebracht wurden.

Während der Spätzeit der atlantischen Zivilisation geschah eine weitere Erdbewegung. Das war vor ungefähr zwölftausend Jahren, als der Rest von Atlantis allmählich im Atlantischen Ozean versank. Danach gab es nur noch ein paar Reste jener Zivilisation auf der Erde.

Die physischen Überreste der Atlantischen Epoche sind noch jetzt in Nord- und Zentralamerika, im Mittleren Osten und auch in Regionen Indiens und jenseits davon in den Subkontinenten Asiens zu finden.

Es gibt auch einen Teil von Irland und Gegenden des Nordwestens von England bis hinauf zur schottischen Küste und den vorgelagerten Inseln, die alle auf mancherlei Weise mit den Randgebieten des atlantischen Kontinents zusammenhingen und noch jetzt etwas von seiner physischen Schwingung enthalten.

Auch ein paar Gebiete der Karibik, Gebiete vor der Ostküste der amerikanischen Kontinente und ein großer Teil der Fläche, die jetzt der Atlantische Ozean ist und früher über der Wasseroberfläche lag, gehörten zu Atlantis. Zu Beginn war es eine wunderbare und mächtige Zivilisation, darauf ausgerichtet, die Naturwissenschaften und ihre Anwendung zu verstehen.

Unglücklicherweise mißbrauchten die Atlanter aus Grausamkeit und Unwissenheit, aus Habgier und politischer Aggressivität die Macht, die sie erworben hatten, und die Tragödie ihres Unterganges war unausweichlich.

Die Wiederkehr des atlantischen Menschen

Viele der Seelen, die sowohl in der mittleren als auch in der späteren Zeit von Atlantis auf der Erde lebten, sind jetzt in einer Inkarnation von besonderer Wichtigkeit wieder auf der Erde. Sie verfügen über das Verständnis, daß es jetzt lebenswichtig ist, jene Tendenzen der menschlichen Natur zu zügeln und einzudämmen, die die Erde in einem solchen Maße schädigen und verderben würden, daß die menschliche Existenz und alles Leben in dieser Dimension im tiefsten Kern bedroht wäre.

Es gibt manches, was der heutige Mensch im Zusammenhang mit Atlantis und seinen heutigen Erscheinungsformen verstehen sollte. Manchmal zeigt sogar das weltliche Leben eine Verbindung mit dieser speziellen Vergangenheit auf, mit der ihr alle verbunden seid.

Vielen jungen Leuten gefällt es zum Beispiel, ihr Haar auf eine Weise zu flechten, daß ein ganz feines Webmuster entsteht. In manchen Gemeinschaften, die mit bestimmten afrikanischen Traditionen zu tun haben, gibt es manchmal eine fast extreme Tendenz in dieser Richtung, und auch bei Europäern und manchen anderen Individuen, Frauen wie Männern, ist diese besondere Mode zu finden. Das liegt daran, daß es während der hochatlantischen Kultur, die die meisten von euch hier wahrscheinlich erlebt haben, und auch während der letzten Zeit modisch war, das Haar in eine Art festgewobenen Zopf zu flechten, klein und sehr fein. Vielfach wurde auch nur dieser Zopf getragen, ohne jede freie Haarsträhne.

Es gab dafür verschiedene Gründe, aber in einem Sinne stand diese Haartracht für die Stränge des Lebens, die zusammengewoben ein verwickeltes und doch schönes Muster ergeben. Es bezog sich auch auf die ursprüngliche Vermischung der zehn Stämme oder Gruppen, die Atlantis bildeten. Dies war oft in spirituellen Praktiken zu finden, und es ist eine Form des Umgangs mit dem physischen Körper, die mit einem tiefen spirituellen Verständnis zu tun hat. Diese Haartracht wurde dann auch von einigen Atlantern übernommen, die von Atlantis ins Mittelmeergebiet flohen. Besonders fand man sie dann in den Kulturen Ägyptens, denn die Menschen dieses Landes waren bestrebt, die Weisheit von Atlantis und von den Sternen zu erhalten und neu zu entfalten.

Dies sind äußere Dinge, aber sie sind ein Zeichen einer tiefen Bewußtseinsverbindung zwischen jener Zeit und der Zeit, in der ihr euch jetzt befindet.

Tanz und Erdkräfte

Andere Erscheinungen sind ebenfalls bedeutsam, zum Beispiel das wachsende Interesse an Tanz und Bewegung.

Selbst in eurer westlichen Gesellschaft ist es jetzt akzeptabel, daß die Leute sich für sanfte Bewegungen und Tanzweisen und für das Feiern der eigenen physischen Aktivität interessieren. Wir sind uns natürlich bewußt, daß viele aggressive und scheinbar gewalttätige Bewegungsmethoden in eurer Kultur gefördert werden. Es gibt jedoch ein Erwachen der sanften Formen von Bewegung in Gruppen, wo die kollektive Energie der Gruppe benutzt wird, um das Bewußtsein der Teilnehmer zu heben.

Dies ist eine Praktik, die in Atlantis entwickelt wurde. Sie wurde insbesondere während der Zeiten benutzt, wo diejenigen, die spirituell noch angeschlossen waren und ihren lemurischen Ursprung noch lebhaft im Bewußtsein hatten, den Tanz inmitten der Erd- und Naturkräfte in den Feldern tanzten, um das Gefühl der Verbundenheit zwischen Gaia, der Erdgöttin, und der menschlichen Seele zu stärken. Dieser Brauch wird von vielen belebt, die mit der Erde in Einklang sein möchten und hören wollen, was die Erde ihnen sagt.

Es gibt jetzt viele Menschen, die durch ihre Füße mit der Erde in Verbindung sein wollen, um sich auf ihre Energien einzustimmen, und die bisweilen auch gleichzeitig im Kollektiv auf der Erde tanzen und durch ihr eigenes Wesen Energie und Kraft in den Äther des Planeten zu bringen versuchen. Das ist eine starke Verbindung mit den alten Zeiten, wo die Energien und die Kräfte der Erde besser verstanden wurden. Es ist eine Verbindung mit jener Epoche und mit den schönsten Prinzipien aus der lemurischen Tradition, die von jenen überliefert wurden, die die Uranfänge des Menschen und seinen tiefsten und schönsten Ursprung noch verstanden.

Ihr habt zum Beispiel geheimnisvolle Muster bemerkt, die in bestimmten Getreidefeldern und ländlichen Gegenden auftreten. Sie stellen euch vor ein tiefes Rätsel. Es ist nicht unsere Sache, euch alle diese Dinge zu enthüllen, denn ihr könntet sie noch nicht einmal ansatzweise verstehen, aber es gibt Kräfte, die ein Erwachen der Erde bedeuten und gleichzeitig eine Verbindung der Erde mit höheren Bewußtheiten und Prinzipien, von denen einige eine andere Schwingungsfrequenz haben als ihr und mit denen ihr deshalb nicht leicht kommunizieren oder euch identifizieren könntet. Die Erde feiert in diesen Energiemustern, die auf ihr sichtbar werden, bestimmte Dinge ihrer selbst. Zwar werden die Muster besonders in ganz bestimmten Feldern sichtbar, insbesondere solchen, auf denen eine bestimmte Frucht gesät ist, aber die Kräfte bestehen auch da, wo sich solche Muster nicht zeigen. Es sind nur ein paar energetische Eigenschaften dieser Partikel, die es diesen Kräften ermöglichen, sichtbar zu werden.

Es handelt sich um eine Energie, die sich etwa in der Form eines Kegels oder Wirbels ausbreitet, eine unendliche Form, die sich in eine unbegrenzte Anzahl von Ausdrucksformen fortsetzt. Wo diese kegelförmige Gestalt auftritt, erzeugt sie viele Rhythmen und Konterrhythmen. Die Kräfte dieser Rhythmen erzeugen ein wunderschönes Muster im Äther, das sich dann in einer bestimmten Flora und Fauna auf der Erde widerspiegelt. In manchen Teilen der Erde, wo das Erdreich besonders empfänglich für die Bewegungen der feineren Kraftfelder ist, besteht es auch im Erdreich selbst.

In den kommenden Jahren werdet ihr vielleicht mehr von diesen aufregenden Erscheinungen zu sehen bekommen. Ihr sollt sie feiern, euch an ihnen erfreuen und, wo eure Anwesenheit nicht schadet, sie auch besuchen. Ihr werdet dadurch empfänglicher für die Energien, die da sind. Bis zu einem gewissen Maße werden sie jedoch für euch in eurer jetzigen Kultur immer ein Geheimnis bleiben.

Vergeßt auch nicht, daß ihr euch der Erde demütig nähern und verstehen sollt, daß sie selbst der physische Ausdruck einer größeren Seele und eines großen Bewußtseins ist. Der Mensch kann die Erde nicht beherrschen, sie nicht manipulieren oder zerstören. Das ist euch nicht möglich. Ihr könnt natürlich eine Plage für sie sein oder auch ein Segen, aber im Laufe der Zeit werdet ihr herausfinden, daß die Erde wunderbar für sich selber sorgt und alles Notwendige tut, um zu blühen und in einen neuen Ausdruck ihrer selbst hineinzuwachsen. Der Mensch muß entweder kooperieren, oder er fliegt von der Erde herunter, bis die Zeit kommt, wo er in der Lage ist, in Liebe und Harmonie mit der Heimstatt zusammenzuwirken, die ihm für kurze Zeit in der Ganzheit der kosmischen Erfahrung zur Verfügung gestellt worden ist.

Minerale und Kristalle

Die Atlanter, als ihr diese Rasse wart, besaßen ein tiefes Wissen darüber, wie Licht durch jene Minerale und Kristalle projiziert werden kann, die nahe an die Erdoberfläche gebracht wurden. Daß das Interesse am Gebrauch von Mineralien und Kristallen jetzt einen solchen Aufschwung erlebt, ist auch ein Feiern und eine Erinnerung an diese Epoche. Damit lebt wirklich eine alte Fähigkeit, die viele von euch in sich haben und benutzen und verstehen wollen, wieder auf. Die Kristalle wirken als Mittler und Modulatoren für die Energien, die ihr durch euer Bewußtsein ins Spiel bringen könnt. Viele von euch werden sich daran erinnern, wie man mit Kristallen und Gesteinsformationen arbeiten kann, aber seid vorsichtig mit der Kraft, die ihr da freisetzt, denn im Mittelpunkt der Krise und des darauf folgenden Untergangs von Atlantis stand genau der Mißbrauch dieser Technologie.

Wir sehen eine Zeit voraus, wo der Mensch mit den Schwingungen sehr feiner Metalle arbeiten wird, um so neue Energieformen für den menschlichen Gebrauch zu erzeugen, Energieformen, die bisher noch niemals in der Erdensphäre gebraucht worden sind. Eure jetzige Art, Maschinen aus Metall und auch aus Plastik zu bauen, ist eine sehr schwerfällige Weise, diese Materialien zu gebrauchen. Mit der Zeit werdet ihr lernen, euch auf die Schwingungen dieser Substanzen einzustimmen und sie zur Erzeugung beachtlicher Energiefrequenzen zu benutzen, die ihr dann für euer Erdenleben ausschöpfen könnt. Denkt jedoch daran, daß die wahre Quelle Göttlicher Kraft immer in euch fließt und daß die Mineralien nur das ein wenig verstärken, was schon in euch vorhanden ist.

Heilung in Atlantis

In Atlantis bestand ein tiefes Interesse an allen Arten von Heilung. Es gab zwar tatsächlich eine orthodoxe Heilkunst, die eurer jetzigen in vieler Hinsicht ähnlich war. Sie benutzte Drogen und eine Art Chirurgie, so wie ihr heute, wenn auch mit einer anderen Methodik. Aber es bestand auch ein tieferes Wissen darum, daß der Mensch mit den alten Methoden, sich auf die spirituellen Kräfte im Zentrum jedes Bewußtseinspartikels einzustellen, erstaunliche Heilungen und Umwandlungen aller unerwünschten und kranken Zustände manifestieren konnte.

Wir haben euch an anderer Stelle von grotesken und mißgestalteten Wesen auf der Erde erzählt, die daraus entstanden waren, daß der Mensch seine Beziehung zum Tierreich mißbrauchte. Diese Geschöpfe wurden oft durch die erstaunlichsten Kombinationen von orthodoxer Medizin dieser Zeit mit dem schönen spirituellen Verständnis, auf das der Mensch sich einstimmen konnte, behandelt und geheilt.

Die kommende Zeit wird euch ganz ähnliche Möglichkeiten eröffnen. Ihr werdet Gelegenheit haben, die orthodoxe Medizin eurer Zeit und die höchste Schwingung innerhalb dieser Methoden mit den spirituellen Wahrheiten in euch zu vereinen. Ihr sollt jeden Tag, wann immer ihr könnt, nach innen horchen und offen sein für die Inspiration und Intuition, die ihr empfangen könnt. So kommt ihr im Bewußtsein dem Zustand näher, wo ihr den schönen Geist in eurem Innern enthüllt und so allen Menschen einen größeren Zugang zur wahren Heilung von innen ermöglicht, die sich durch spirituelles Verstehen entfaltet; durch die Kräfte des Geistes, die euch durchströmen, und durch die Erleuchtung, die auf solch tiefe Bewußtheit folgt und wächst und sich in der ganzen Menschheit ausbreitet.

Auf diese Weise wird der Mensch Zugang zu Heilmethoden bekommen, die in der Vergangenheit als Zauberei galten, jenseits des menschlichen Vermögens.

Chirurgie

6.11.90

Die meisten der neueren Erkenntnisse sind im Grunde ein Wiedererstehen früheren Wissens.

Wie wir schon sagten, bestand in der atlantischen Zeit ein beachtliches Interesse an Mineralien. Man fand auch Wege, die Sonnenenergien, die natürlich die Energien des Herzens Gottes sind, zu nutzen und zu verstärken und so vollkommen auszurichten, daß sie ganz bestimmte mächtige Funktionen übernehmen konnten. Zum Beispiel wurden bestimmte Sonnenenergien nach sorgfältiger Filterung durch die mächtigsten Linsen aus Kristallstrukturen für eine bestimmte Art von Chirurgie an lebenden Formen benutzt, so daß sie geheilt oder in gewisser Weise von körperlichen Problemen befreit werden konnten.

Eure heutige Chirurgie mit Messern, Skalpellen und dergleichen ist im Vergleich zur atlantischen Wissenschaft der Strahlen und des Lichtes eine ziemlich primitive Angelegenheit. Die Atlanter benutzten diese Technologie freizügig und kannten sich gut damit aus.

Der große Kristall

Es gibt verschiedene Hinweise darauf, daß sie einen Großen Kristall benutzten, den Riesenkristall, den die atlantische Zivilisation mit Hilfe von Wesen von anderen Planeten und aus anderen Welten erschuf. Sie konnten damit die Sonnenenergien sammeln und lenken und benutzten diese zur Energieversorgung ihrer Gesellschaft, ebenso wie ihr jetzt Kraftwerke für die Elektrizität habt.

Mit Hilfe dieser Energien beleuchteten sie ihre Städte und erzeugten alle Kräfte, die sie zur Vorwärtsbewegung, zum Heben, Formen und dergleichen brauchten. Sogar ihre Schiffe und Flugzeuge und der Transport auf der Erde funktionierten auf der Basis dieser Fähigkeit, die Sonnenenergien durch kristalline Strukturen zu transformieren, die speziell geschliffen und konstruiert waren, um die Energien bestmöglich zu nutzen.

Daß Kristalle heute wieder in größerem Umfang benutzt werden, deutet natürlich auf ein Wiedererstehen dieses Wissens hin. Es wird dabei jedoch nur ein kleiner Teil der damaligen tiefen und recht beachtlichen Wissensinhalte wiederentdeckt.

Unglücklicherweise mißbrauchte der Mensch das gewonnene Wissen. Atlantis wurde zunehmend korrupter. Die Menschen wurden überaktiv in ihren Wünschen und sehr egozentrisch, so daß die atlantische Kultur schließlich verschwinden mußte. Der Mensch verfiel in zunehmendem Maße der Ungeheuerlichkeit, die von ihm entdeckte Technologie zu verehren und nicht die dahinterstehende Quelle des Lebens.

Innere Weisheit

Die Menschen heute auf der Erde erinnern sich oft an ihre Erfahrungen in Atlantis und versuchen manchmal irrtümlich, diese Zeiten wieder aufleben zu lassen und ein neues Atlantis zu bauen. Das ist ein Fehler, und es kann niemals geschehen, denn der Mensch hat sich weiterentwickelt. Er hat jetzt die große Gelegenheit, seine Verbindung mit dem inneren Wissen wieder neu zu beleben und sein Dasein wieder im Reich der Ursachen statt im Reich der Wirkungen zu entfalten.

Sein Streben nach größerer Spiritualität und nach größerem Verständnis für die Bruderschaft der Menschen wird die Begrenztheit des atlantischen Bewußtseins bei weitem übertreffen.

Der Neue Mensch, der sich jetzt entfaltet, wird all seinen bisherigen Erfahrungen das Gute entnehmen und es in sein neues Denken, in eine neue Mission auf Erden und in ein Zeitalter des Seelenbewußtseins einfließen lassen.

Ihr lebt in einer aufregenden Zeit.

Meditation über die zwölf Punkte

Möge das Göttliche Wesen euer Denken erleuchten. Möge jeder von euch hier durch eines der zwölf Blütenblätter der heiligen Rose gesegnet sein, die uns das Kreuz des Verzichts durch die Entfaltung des persönlichen Selbst in der Göttlichen Essenz der Seele bringt. Hier haben wir die zwölf Blütenblätter der Rose voller Freude auf den zwölf Spitzen des Sternes der Weisheit. Der Duft der Rose wird euch die Macht und Schönheit alles Guten offenbaren. Er wird euer Bewußtsein veredeln, euren Geist erheben, und so hat jeder von euch ein Blütenblatt, das im Lichte des zwölfstrahligen Sterns, des Herzsterns, kostbar und besonders für euch ist. Meditiert oft über diesen Stern, denn er ist ein Tor, durch das euch die Wahrheit ausgedrückt werden kann.

Möge der Herr des Lebens euch segnen und immer mit euch sein, euer Herz erleuchten, und möge Sein Duft euren Geist erheben. Und so ist es.

Kapitel fünf

ERDENERGIEN

Die Erde hat ein riesiges und tiefes Bewußtsein, das viele Rollen erfüllt. Manche von euch haben den Äther und den Seelenäther der Erde schon einmal wahrnehmen können, ihr nehmt auch die emotionalen Muster wahr, die um diesen Äther und jenseits davon wirken und hineinreichen in die tiefsten Gefühle der Erde und sich zugleich mit den höchsten Gedanken ihrer Bewohner vermischen.

Ihr wißt natürlich auch, daß es in der Erde ebenso wie auf ihr viele Seinszustände gibt. Es gibt Wesen, deren Lebensbereich sich innerhalb der Erde befindet. Sie führen eine ganz andere Existenz als die eure, sind aber, innerhalb der Grenzen der Erdstruktur, dennoch Geschöpfe mit Bewußtsein.

Viele Kräfte und Existenzformen, die euch fremd oder sogar diabolisch erscheinen würden, leben innerhalb der physischen Form der Erde, und sie spielen einfach ihre eigene Rolle und brauchen eure Wege hier in keiner Weise zu kreuzen.

Im tiefsten Inneren der Erde, im Kern und Zentrum des Bewußtseins dieses Planeten, leuchtet das Licht eines großen und wundervollen Wesens. Sein inneres Licht und seine ewige Flamme halten die physische Natur der Erde aufrecht.

Aus dem Zentrum der Erde kommen ständig Energien, Formen und dynamische Muster herauf, die sich schließlich als die Erdoberfläche manifestieren. Es gibt auch einen

Energiestrom in die Erde hinein, auf dem die feineren Energien der Dinge, die in die Erde zurückkehren, tief, tief in sie aufgenommen und durch das Feuer des Wesens, das die Erde ist, verfeinert werden. Zu gegebener Zeit kehren sie an die Erdoberfläche zurück und beleben dort die eigentliche Substanz und die Umgebung der Erde.

So findet ein ständiger Austausch von Kräften statt, und die Menschheit trägt die Verantwortung für das bewußte Wissen um diesen Austausch, für sein Zusammenwirken damit, um diesen unablässigen Kreislauf so effektiv und so schön zu erhalten wie möglich.

Ihr müßt wissen, daß es in eurem eigenen Wesen sowohl auf der körperlichen als auch auf der ätherischen Ebene intelligente Partikel gibt, euch gegeben vom Bewußtsein dessen, der die Erde beseelt, von dem Großen Wesen, von dem die Erde ein Teil oder eine physische Manifestation ist. Es gibt euch viel von eurem Bewußtsein und erlaubt euch, in einem Teil seines eigenen Wesens zu leben, um euch eures eigenen Wachstums zu erfreuen.

Veränderungen der Erdkräfte

Diese feinen Erdenergien und Muster, von denen ihr gelegentlich ein wenig entdeckt, wenn ihr euch auf die feinen Energien der Erde einstimmt, sind ein kleiner, aber bedeutsamer Teil der Kräfte des Großen Wesens, das euren Planeten beseelt, und von eurem eigenen Standpunkt aus betrachtet, sind alle diese Muster gut. Eure Beziehung dazu ist wirklich eine Frage eurer Bewußtheit, eures inneren Gleichgewichts und der Art, wie ihr euch auf die Erde einstimmt. Es ist niemals nötig, irgendein Energiemuster um die Erde herum zu verändern, denn zu gegebener Zeit wird die Erde und das Bewußtsein, das über sie herrscht, entscheiden, wie sich irgendeine Veränderung am besten manifestieren soll oder auch nicht.

Eure Rolle als Wesen auf der Erde ist, zu lernen, eurem eigenen Sonnenlicht zu folgen, eurem Seelenkörper oder inneren Licht, dem Licht des Geistes in euch, und solches Gleichgewicht und solche Gelassenheit zu haben, daß ihr die Wirkungen aller Energien assimilieren könnt und so durch die Begegnung und das Zusammensein mit ihnen eure eigene Schwingungsfrequenz erhöht.

Wir hören oft, wie manche der Energien und Kraftfelder verdammt werden, wie man sie als negativ oder destruktiv betrachtet und auf irgendeine Weise verändern oder anders ausrichten will. Das ist ein sehr relativer Gedanke und gewissermaßen typisch für das menschliche Bewußtsein dieser Zeit. Was die Erde angeht, so sind ihre Energien einfach so, wie sie sind, und jede von ihnen erfüllt eine bestimmte Funktion.

Polaritäten

In eurem eigenen individuellen Körper könntet ihr in dieser Zeit ohne Polaritäten nicht überleben. Ihr braucht jetzt die Extreme von Kräften, die euch für euren physischen Ausdruck die besten Möglichkeiten liefern. Deshalb sind diese Polaritäten, die ihr als positiv und negativ betrachtet, lebenswichtig für euch. Ohne sie würdet ihr in dieser speziellen Umgebung überhaupt nicht existieren können.

Dasselbe gilt für die Erde. Die Erde braucht sowohl positive als auch negative Energien, und sie muß innerhalb ihrer physischen Struktur Einschlüsse beider Arten von Energiefeldern und -linien haben. Wenn der Mensch also die für ihn schwierigen Energiefelder ändern will, so ist er im Irrtum. Es ist eine sowohl arrogante als auch auf mangelhafter Information beruhende Haltung.

Von unserem Standpunkt aus betrachtet, ist es für den Menschen gefährlich, auch nur daran zu denken, sich an den Energiefeldern der Erde zu schaffen zu machen. Seine

Verantwortung ist es, sich auf diese Kräfte einzustimmen und sein Leben in Einklang und Harmonie mit ihnen zu führen.

Dies ist die wahre Rolle des Menschen und die einzige, die zu Erfolg führen kann, zu einem glücklichen, sinnvollen, gesunden Leben auf der irdischen Ebene in all ihren Dimensionen.

Diejenigen von euch hier, die ein Gefühl für die Erde, für ihre Kraftlinien und ihr Bewußtsein haben, sollen gesegnet sein. Ihr müßt sehen, daß die Erde die Resonanz und Schwingungsfrequenz ihrer eigenen Energiefelder beschleunigt. Viel überflüssiger Tand, vieles, was nicht von Wichtigkeit ist, wird von der Erde abgestoßen werden. Die Dinge verändern sich auf eurer Ebene sehr rasch, und die negativen Energielinien sind für diese Reinigung lebenswichtig. Verändert nicht sie, sondern ändert, wenn nötig, euch selbst.

Denkt daran, daß die Ebene, auf der ihr die Veränderungen verstehen könnt, die des Intellekts, sehr beschränkt ist und daß neue Energien, Gedanken, Ideale und Ziele in die Erdatmosphäre hereinkommen, die zu begreifen euer bewußtes, niederes Ego unfähig ist. Die große Heilung findet in den Tiefen eurer Seele statt, und nur auf dieser Ebene, der Ebene eures wahren Selbst, ist sie zu verstehen.

Freut euch über das, was ihr lernt, und wißt, daß die Erde in ihrer Entwicklung große Sprünge nach vorn tut. Von innen her, aus eurem eigenen Geiste müßt ihr im Einklang mit ihr sein.

Energien im Nahen Osten

Zum Nahen Osten muß man wissen, daß die Energien in der Erde selbst in der Gegend des Irak, der Türkei und des Iran von besonderer Brisanz und Sprunghaftigkeit sind. Deshalb gibt es dort sehr oft Erdbeben und Störungen der Erdkruste.

Es gibt zwei besonders wichtige Energiepunkte. Der eine liegt im Süden der Türkei und der andere im Norden des Irak, und beide verändern gerade ihre Rotations- oder Spiralfrequenz. Dabei kann es zu Störungen kommen, die sich in der physischen Erde selbst materialisieren. Wichtiger jedoch ist, daß sie auch ins Bewußtsein der Menschen eindringen können, die in diesen Gegenden leben.

Menschliche Konflikte sind deshalb zu dieser Zeit in diesen Gegenden der Erde wahrscheinlich, wenn auch nicht unabdingbar. Die Bewohner dieser Gegenden müssen sowohl mit ihrem eigenen Karma und ihrer eigenen Evolution als Wesen fertigwerden als auch mit ihrem rassischen und ethnischen Karma, und sie müssen sich außerdem auf das Karma und die Evolution der Erde unter ihren Füßen einstellen.

Es ist also in dieser Zeit nicht leicht, Araber zu sein und in diesem Teil der Erde zu leben, und alle arabischen Nationen brauchen eure liebevollen und friedlichen Gedanken, die sie darin unterstützen können, an Weisheit, Wissen und Mitgefühl für sich selbst und die gesamte Menschheit zu wachsen. Dann werden sie verstehen, wer sie sind, und sie werden die Erde verstehen und wie sie innerhalb des göttlichen Planes funktioniert.

Zusammenarbeit mit der Erde

Die Erde ist in gewisser Hinsicht auch eine Erweiterung eurer selbst, und sie reagiert auf eure Gedanken und Gefühle. Gleichzeitig könnt ihr die Erde nicht beherrschen oder kontrollieren. Sie läßt sich nicht manipulieren, sie arbeitet sich einfach durch ihr eigenes Schicksal hindurch, entweder in Zusammenarbeit mit den Menschen oder schließlich ohne sie. Es liegt an den Menschen. Es liegt an euch.

Kapitel sechs

EVOLUTION

In diesen Auszügen geht es um die spirituelle und rassische Entwicklung des Menschen und den Einfluß und die Wichtigkeit verschiedener geographischer Regionen der Erde.

18.9.91

Wir haben euch schon oft gesagt, daß wir an einer gewaltigen Wende der Evolution stehen. Wenn das Bewußtsein des Menschen sich auf eine neue dynamische Ebene aufschwingt, muß auch das Gefährt, in dem das Bewußtsein forschen und seine Wahrheit finden und entwickeln kann, sich verändern.

Ihr wißt, daß der Mensch ein evolutionäres Wesen ist. Es ist richtig zu sagen, er wurde erschaffen, denn in gewissem Sinne wurde die Ur-Idee dessen, was der Mensch ist, im Bewußtsein des Großen und Mächtigen Wesens manifestiert, das ihr Gott nennt. Im Denken dieses Wesens entstand die Idee des Menschen und wurde ins Bewußtsein eingeführt, und so kam ein Teil des Göttlichen, das Absolute Wesen, zu einem schönen und herrlichen Ausdruck.

Dies war die Geburt des Menschen, des Wesens, das ihr als euch selbst kennt, und es bekam unter anderem die Gelegenheit der Wahl, in die Materie abzusteigen und auch auf die Erde zu kommen und das Muster des physischen

Lebens hier zu erfahren. Wir möchten hier hinzufügen, daß dieser Abstieg in keiner Weise ein Zwang oder ein unabdingbarer Teil seiner Entwicklung war. Es war eine der Möglichkeiten, ein Weg, den der Mensch wählen konnte, und so entschieden sich viele Seelen, die in diese spezielle Idee hineinwuchsen, auf die Erde und andere "Erden" zu kommen. Von den Schwierigkeiten des Menschen in seiner zunehmenden Verstrickung mit der physischen Ebene und ihrer Illusion haben wir oft gesprochen.

Wir sehen, wie im Laufe der Zeit das Muster des Menschen sich immer weiter von seinem göttlichen Ursprung entfernte und in eine Vorstellung von Getrenntheit verfiel, die am akutesten vielleicht vor der Geburt des Menschen Jesus war, der dann auf der Erde das Christusbewußtsein wurde.

Die Neger

22.2.89

Ihr wißt von Atlantis, denn über dieses Thema haben wir schon gesprochen. Ihr wißt auch von anderen Epochen und Zeiten, als andere Menschenrassen auf der Erde lebten, von denen eine der bemerkenswertesten die "Lemurier" waren.

In der lemurischen Zeit war der Mensch körperlich ein negroider Typus. Sein spirituelles Bewußtsein war jedoch in vieler Hinsicht besonders fein, und im Zusammenhang mit seiner physischen Entwicklung sieht man, daß der Mensch jener Zeit sich selbst als kosmische Wesenheit verstand – ein Verständnis, das in der Gesamtentwicklung des menschlichen Bewußtseins in der Folgezeit verlorenging.

Die Neger, besonders die in Afrika und auch auf den vielen Inseln im Pazifik und in Australien haben eine Verbindung zu dieser Körperform.

Die Mongolen

In der Zeit von Atlantis, die in der Entwicklung des menschlichen Bewußtseins eine besonders herausfordernde Epoche darstellt, haben wir es mit einer Rasse zu tun, die sich durch sieben verschiedene physische Typen auf der Erde entwickelte. Die Überreste davon sind besonders in der östlicheren Erscheinung und dem orientalischen Körpertypus, wie zum Beispiel dem der Mongolen, zu finden. Es ist in dieser Hinsicht interessant, daß vieles von eurem wahren Verständnis des menschlichen Geistes heute durch genau diese Kultur zu euch kommt.

20.11.91

Die atlantische Rasse und ihre sieben Unterrassen waren potentiell sehr schön, aber unglücklicherweise entfernten sie sich immer mehr aus dem Einklang mit ihrer höheren Natur und begannen sich schließlich durch ihre Bosheit und die Perversion der Talente und Gaben, die sie entwickelt hatten, selbst zu zerstören.

Die Semiten und der arische Mensch

Eine neue Rasse mußte entstehen, und sie begann durch die, die als Semiten auf die Erde kommen wollten. Allmählich entwickelte sich aus der atlantischen Rasse (von der eine Unterrasse 'Semiten' hieß) eine neue Rasse, die sehr stark eurer jetzigen ähnelte.

Dies war die Entwicklung des arischen Prinzips im Menschen, das viele tausend Jahre dauerte. Es war die arische Inkarnation, und so trat eure eigene rassische Gruppe auf der Erde in Erscheinung. Die arische Rasse entwickelte sich von einem Ort im Fernen Osten aus, den ihr jetzt als

"Wüste Gobi" kennt, der zu jener Zeit jedoch der "See Gobi" war. Von hier, von einem Ort aus, der "Shambhalla" hieß, die große weiße Insel auf dem See Gobi, konnte das kulminierte atlantische Bewußtsein ausströmen und den Samen für eine neue Menschenrasse legen.

Gleichzeitig konnte die Entfaltung der neuen arischen Rasse beginnen, und diese Rasse wanderte in viele Teile der Erde, nach Indien, Burma, Persien und auf die arabische Halbinsel, nach Afrika und insbesondere Ägypten hinein und auch hinüber in die Länder, die jetzt Frankreich und Deutschland heißen. Sie berührten auch Griechenland mit seiner eigenen mächtigen Kultur, so daß der Einfluß Griechenlands sich allmählich über ganz Europa und noch darüber hinaus erstreckte.

Es ist interessant zu sehen, daß es im wesentlichen die griechische Verbindung war, die die tiefe und schöne Liebe zur Musik im menschlichen Bewußtsein weckte, und durch diese ganz besondere, schöne Zeit kam die keltische Verbindung, die in den westlichen spirituellen und metaphysischen Kulturen so augenfällig ist. So viele eurer Mythen und Legenden hängen eng mit dem "Keltischen" zusammen.

Mit der Zeit entwickelte sich allmählich das neue arische Prinzip. Obwohl viele Menschen auf der Erde jetzt eine arische Körperform angenommen haben, besitzen sie in keiner Weise ein Bewußtsein, das über das atlantische hinausgeht, denn sie haben sich spirituell nicht weit genug entwickelt, um auf der Ebene der arischen Erfahrung eingeweiht zu werden. So befinden sich zwar viele in arischen Körpern, aber nur wenige sind arische Eingeweihte.

Der Mensch des Wassermannzeitalters

Es gibt noch andere arische Gruppen, die sich vereinen und ihre eigene Natur entwickeln müssen. Diese sind besonders im Osten Europas unter den slawischen Völkern zu finden. Sie werden eine Blüte erleben und die rassische Gruppe des neuen Bewußtseins bilden, den neuen Ort und die neue Zeit. Aus dieser rassischen Gruppe wird die neue aquarische Rasse hervorgehen, durch die die arische Weisheit ihren schönen Höhepunkt erlebt.

Dies ist eine Zeit voller Herausforderungen, eine wunderbare Zeit, in der ihr bereit sein müßt, die alten Muster loszulassen und für die Zukunft neue, dynamische Muster anzunehmen.

Im Augenblick sind die Zeiten schwierig, und für alle besteht der Weg vorwärts darin, Gedanken von Liebe und Frieden im Herzen zu haben. Es ist an der Zeit, daß der Mensch die Macht des kollektiven Unterbewußtseins versteht. Durch die Prinzipien des Wassermannzeitalters, die kommen und tatsächlich schon jetzt mit euch sind, müßt ihr lernen, zu lieben und miteinander verbunden zu sein, so daß du und ich und alle Wesen die Fülle und den wahren Reichtum des Lebens miteinander teilen, die uns ursprünglich von Gott, unserem Schöpfer, geschenkt worden sind.

Chakras und die Veränderungen auf der Erde

Ihr wißt, daß ihr in eurem eigenen Körper bestimmte Kraftzentren habt, die in den verschiedenen Überlieferungen als 'Kraftfelder' oder 'Chakras' bezeichnet werden.

Wie auch immer ihr sie nennen wollt, es handelt sich dabei jedenfalls um besondere Brennpunkte der Kraft, die Energiefelder zusammenfassen, welche wiederum einen starken Einfluß auf den direkt an sie angrenzenden Körperbereich haben, und zwar auf allen menschlichen Bewußtseinsebenen, einschließlich des physischen Körpers.

Dasselbe finden wir auch in der Erde. Ihr könnt Orte von besonderem Interesse und besonderer Kraft feststellen, deren subtiler Einfluß auf die Umgebung noch in einiger Entfernung zu spüren ist.

Es hat eine Zeit gegeben, da in der östlichen Welt bestimmte planetarische Kraftzentren speziell entwickelt wurden, um diese Gegenden spirituell anzuheben, aber wie ihr feststellen werdet, hat sich eine graduelle Verlagerung der Einflußsphäre ergeben.

In den Gebieten des Nahen Ostens, also im jetzigen Iran, Irak und auch um das Heilige Land und Ägypten herum und in vielen Ländern des Mittelmeerbereichs hat es immer eine beträchtliche Kraft und Verstrickungen gegeben. Hier war ein wichtiger Brennpunkt spiritueller Kraft, demzufolge erschien der Prophet Mohammed in dieser Gegend und ebenso der Meister Jesus, bevor er den Christusgeist assimilierte, und viele andere, die kamen, die Menschheit zu lehren.

Jetzt müssen wir diesen Brennpunkt jedoch in der europäischen und nordamerikanischen Umgebung suchen und sehen, wie er sich dort entwickelt, denn jetzt schauen wir auf eine Zeit, wo besonders Europa sehr wichtig wird: England wird als Wegbereiter für das neue Bewußtsein eine besondere spirituelle Bedeutung haben.

Es gibt Legenden, die Großbritannien mit Atlantis in Verbindung bringen, und nicht wenige haben das Gefühl, daß besonders der Westen dieses Landes auf irgendeine Weise mit Atlantis verbunden war.

Das ist wahr, und es gibt in einigen Teilen Großbritanniens ohne jeden Zweifel physische und geologische Beweise dafür, und zwar besonders in Irland und im Nordwesten von Schottland. Der Boden dort hat ähnliche Eigenschaften wie der in bestimmten Bereichen des Nordens und Nordostens von Atlantis.

Die irische Frage

Schaut einmal Irland an. Es ist bezeichnenderweise ein Land voller Unruhen, voller Krieg und Probleme.

Es ist auffallend, daß es dort so viel Unruhe, Konflikte und Unfrieden gibt. Das ist ein Erwachen in den Herzen der Menschen, das sie nur schwer verstehen können. So ist die Energie und die Kraft, die der Menschheit aus diesem Lande entgegenkommt, daher meist chaotisch und weckt in denen, die auf derselben Ebene leben, Gefühle von Negativität, Verachtung und Wut, und das wiederum nährt noch die Grausamkeiten, die in Irland so häufig sind.

Es ist auch wichtig zu sehen, daß in Irland die Nachfahren jener Atlanter leben, die ebenfalls voller Feindlichkeit waren. Die Nachfahren von Atlantis, die an der Westküste von Schottland und auf den Hebriden und noch jenseits davon leben, waren in vieler Hinsicht mit den Gedankenmustern und dem genetischen Verständnis einer Volksgruppe verbunden, die das, was in Atlantis geschah, ablehnte, besonders die Korruption und Verwirrung, die zu Ausschweifungen führte, zu Kriegen und all den negativen Mustern in dieser Kultur.

Sie stimmen noch immer sehr stark mit den Gedankenmustern des späten Atlantis überein und agieren deshalb beide auf neuem Schauplatz und in neuer Zeit einen alten Krieg wieder aus.

Karmisch gesehen kann man sagen, daß die Menschen, besonders die, die in den nordirischen Konflikt verwickelt sind, aus eigenen freien Stücken einen Kampf aus der Zeit von Atlantis weiterführen, aus einer Zeit, als es auf diesem Kontinent viel Dunkelheit und Leid gab. Sie sind hier, um zu lernen und das, was sie früher getan haben, neu zu betrachten.

Leider bleibt ein größerer Fortschritt noch abzuwarten, auch wenn wir Strömungen erkennen können, die möglicherweise mit der Zeit zu Frieden und größerem Verständnis führen werden.

6.11.90

Es gibt jetzt eine Möglichkeit zu wählen, eine sehr reale Möglichkeit, und der Mensch muß sich entscheiden. Es ist der atlantische Mensch, der wiedergekommen ist, und er muß gutmachen, wo er in jener letzten Epoche der Zivilisation gefehlt hat.

Wenn wir einen Blick werfen wollen in euer jetziges Leben und eure Gesellschaft, so könntet ihr zum Beispiel sehen, daß eure Premierministerin (Frau Thatcher) selbst eine sehr berühmte atlantische Persönlichkeit war. Sie war ein sehr talentierter Physiker und in dieser Wissenschaft ein Experte. Während ihres damaligen Lebens verlor sie die Wichtigkeit und den Wert der Erde aus den Augen und die Notwendigkeit, sie zu lieben und zu achten, denn der Mensch wurde materialistisch und wollte der Erde seinen eigenen Einfluß aufzwingen. Sie verlor, wie so viele, den Kontakt mit dem wahren, dem inneren, spirituellen Leben.

Aufgrund dieser sehr schlechten, schwierigen und unangemessenen Beziehung zur Erde und zum Leben beschloß die Seele, die ihr jetzt als Mrs. Thatcher kennt (sie regierte einen Teil von Atlantis), wie viele andere wiederzukommen und erneut nach Einfluß auf der Erde zu streben. Es ist an euch zu beurteilen, ob sie der Aufgabe, die sie sich gestellt hat, gerecht wird, aber wenn ihre Zeit die Bedürfnisse der größeren Zeit nicht mehr erfüllt, die der Erde jetzt bevorsteht, dann wird sie natürlich einem anderen weichen müssen, der besser auf die Bedürfnisse der Erde innerhalb dieser Kultur und in dieser Zeit eingestimmt ist.

Eine neue rassische Gruppe

18.9.91

In dem Maße, wie der Mensch allmählich in einen neuen Zyklus seiner Evolution vorrückt, bereiten wir uns auf eine neue rassische Gruppe vor.

Es gibt dabei zwei Aspekte, die schwierig sind, denn eine der wichtigsten und dynamischsten Kräfte, die in diese neue rassische Gruppe einfließen sollen, ist die der slawischen Völker. Die neue Rasse wird aus den Samen vieler Rassen entstehen. Die beste Möglichkeit für diese Vielfalt, an einen bestimmten Ort zu kommen und dann in ein neues Bewußtsein absorbiert zu werden, besteht deshalb in Nordamerika, in den Vereinigten Staaten, wie ihr sagt.

Der Grund dafür ist im wesentlichen die gesellschaftliche und politische Evolution, denn es liegt in der Natur der Vereinigten Staaten, bereitwillig Menschen aus vielen, vielen verschiedenen Kulturen aufnehmen zu können, und dadurch liefern sie das Saatbeet, auf dem die neue rassische Gruppe wachsen und entstehen kann.

Veränderungen in den Vereinigten Staaten

12.2.90

Innerhalb der Vereinigten Staaten von Amerika werden auch Veränderungen möglich werden. Das ist besonders wichtig, denn euer Land (England) hat in spiritueller Hinsicht einen gewissen Grad an nützlicher Reife, der in den Vereinigten Staaten weniger offensichtlich ist. Das Bewußtsein erweitert sich auch dort, aber es ist oft seicht und vollkommen besessen von irgendwelchen nebensächlichen

Fragen und verliert so die zentralen Gedanken und die Vision der Wahrheit aus den Augen. Es gibt viel Phantastisches, was fälschlich für Wahrheit gehalten wird, selbst von ernsthaften, intelligenten Menschen.

Daher bedarf es einer Veränderung im Bewußtsein von Amerika, denn die Länder, die einst Atlantis und Lemuria waren, steigen wieder empor und kommen näher an die Oberfläche des Ozeans. Mit der fortschreitenden Veränderung des Bewußtseins und mit den subtilen Veränderungen der Erdoberfläche wird Amerika immer wichtiger werden, wenn auch Großbritannien eine ganz spezielle spirituelle Rolle zu spielen hat, etwa so wie ein älterer und erfahrenerer Bruder.

Wir haben im Laufe dieses Jahres (1990) begonnen, über vergangene Zeiten zu sprechen. Wir haben angefangen, einige der Dinge zu erklären, die geschehen sind, und versucht, ihren Zusammenhang mit den jetzigen Ereignissen deutlich zu machen. Wir haben erklärt, wie Seelen, die in besonderer Weise in Atlantis und Lemuria inkarniert waren, in großer Zahl wieder auf die Erde gekommen sind, um bei der Entfaltung einer größeren Weisheit mitzuhelfen, die in früherer Zeit entweder fallengelassen oder ignoriert worden war.

Die Menschen, ihr, habt jetzt Gelegenheit, diesen Schritt nach vorn zu tun.

Das Erwachen der slawischen Völker

18.9.91

Zur Zeit kann man beobachten, wie sich die slawischen Völker erheben, denn die Menschen, die sich durch die slawische Rasse inkarnieren, bringen eine sehr wichtige und feine Schwingung in die Mischung des menschlichen Bewußtseins.

Deshalb sieht man dieser Tage viel Aufruhr und viele Probleme und Schwierigkeiten innerhalb der slawischen Rasse. Eben jetzt, wo wir zu euch sprechen, gibt es leider Reibungen und Konflikte in dem Land, das ihr Jugoslawien nennt, denn die Slawen wollen ihre Individualität und ihr individuelles Bewußtsein behaupten und gleichzeitig ihre Stellung innerhalb des gesamten Rahmens der schönen neuen Evolution, die sich jetzt im Menschen entfaltet, verstehen.

Diese Völker in Osteuropa können sich daher unmöglich noch länger unterdrücken lassen. Sie müssen sich mit anderen rassischen Gruppen vermischen und spielen eine wichtige Rolle bei der Verankerung des genetischen Musters für die neue Rasse, in die das menschliche Bewußtsein hineinwachsen kann.

Der neue Mensch und genetische Veränderungen

Manchmal kommt das Leben an einen Punkt, wo man sagen kann, daß etwas, wenn nicht veraltet, so doch nicht mehr so ist, daß es den besten Rahmen liefert.

Der Mensch und sein physischer Körper macht in diesem Moment eine solche Veränderung durch. Die Veränderungen, die der Mensch jetzt in seinem materiellen Leben erfährt, spiegeln ihm die Veränderungen in seinem Innern – sie sind ein Spiegelbild seines wahren Selbst. Ihr steht also an der Schwelle zu einer aufregenden und sehr dynamischen Möglichkeit.

An der Westküste von Amerika, der Gegend, die ihr als Kalifornien kennt, gibt es Verbindungen mit der noch älteren Kultur von Lemuria. Dieser Einfluß, zusammen mit dem Wiedererwachen atlantischen Bewußtseins, gibt den Anstoß für ein bemerkenswertes evolutionäres Muster, das die Menschheit mit Zeiten vor dem atlantischen Fall verbinden und sie in die neuen, dynamischen Zeiten heben kann, die vor uns liegen.

Wir möchten euch dazu anregen, die Vision einer neuen Menschenrasse in eurem Bewußtsein zu halten, denn durch euren eigenen Samen und eure eigene Nachkommenschaft werdet ihr die Struktur finden, in die das neue Denken hineinwachsen kann.

Der neue Mensch, der sich jetzt entwickelt, wird von Statur etwas größer sein als der jetzige Mensch. Er wird auch leichter und schlanker sein, als ihr es jetzt seid. Er wird insgesamt von weniger dichtem Körpergewicht sein und einen wirksameren Mechanismus und einen ganz anderen Stoffwechsel haben als den dieser Zeit. Sein genetisches Muster wird sich ändern und ebenso die Zahl seiner Chromosomen.

Der neue Mensch wird eine Drüsenstruktur entwickeln, die die Chakras stärker in den Brennpunkt rückt und die es ihm ermöglichen wird, mit sich selbst und dem Universum zu sprechen wie nie zuvor. Dies ist einer der Gründe, der uns im Menschen eine zunehmende Bewußtheit und Empfindsamkeit feststellen läßt, denn ihr bereitet euch auf diese Drüsenveränderung vor. Medialität, übersinnliche Wahrnehmung oder spirituelles Bewußtsein – diese Bewußtseinsebenen werden bei den Kindern, die euch jetzt oder in der nahen Zukunft geboren werden, viel offensichtlicher sein.

Es ist eine bemerkenswerte, starke und aufregende Zeit.

Ein Merkmal des neuen Menschen, das wir beachten müssen, ist, daß die Ebene der Integration, die in ihm nötig wird, so tief und fein eingestellt ist, daß es manchmal so aussieht, als sei in den Vorläufern dieses Typus' ein Grad von Arroganz oder übermäßigem Selbstbewußtsein vorhanden, ein Selbstvertrauen, das über sein scheinbares Alter und die Jahre seiner Erfahrung hinausgeht.

Das kommt daher, daß diese spezielle Kraft der Integration, der Selbstsicherheit und Kompetenz gebraucht wird.

In ihrer weiteren Entfaltung wird besonders ein Wachstum des Herzens zu beobachten sein, so daß nicht nur ein selbstsichererer, fähigerer und wacherer Mensch entsteht, der mehr im Einklang mit seinen eigenen Kräften und seiner Rolle im Universum ist, sondern auch ein Mensch größerer Liebe und Fürsorge.

Es gibt jetzt viele Menschen auf der Erde, die euch mit irgendwelchen Tricks und übersinnlichen Phänomenen beeindrucken, aber sie werden von anderen übertroffen werden, die euer Herz berühren und die durch ihr Wissen und ihre Weisheit Leichtigkeit ins Leben bringen, eine Bewußtheit des Göttlichen, eine Ehrfurcht, ein Wissen um die wahre und wunderbare spirituelle Kraft, die Kraft, die sich durch ein liebendes Herz manifestiert. Diese Wesen brauchen nichts zu zeigen, nichts zu geben, nichts zu beweisen. Sie werden einfach ihre Liebe ins Leben bringen und durch diese Liebe alle Menschen in ein großes, neues gemeinsames Band von Brüderlichkeit und Erleuchtung ziehen.

Australien

Wir möchten ein paar Worte über den Kontinent sagen, den ihr als Australien bezeichnet. Australien hat eine Bedeutung von besonderer spiritueller Potenz, und das erklärt vielleicht, warum man sich dieses Kontinents zusehends bewußter wird, denn auch Australien wird sich behaupten wollen. Auch Australien wird seine Rolle als Nation und als Gemeinschaft demonstrieren wollen, denn es schüttelt seine Jugendlichkeit ab und wird reifer in der Weise, wie es mit den älteren, aber in keiner Weise überlegenen Nationen, wie zum Beispiel der euren, in Beziehung tritt.

Dieser Kontinent hat eine Verbindung zu Lemuria, was besonders an der Ostküste deutlich wird. Besonders diese Küste ist vom Licht der Wahrheit aus der alten Zivilisation von Lemuria aufgeladen. Australien wird also, besonders mit Beginn der Veränderung der Polarität der Erde, an Bedeutung gewinnen, und zwar in ökonomischer und in spiritueller Hinsicht.

Der Geist Großbritanniens

Wir möchten kurz auf Großbritannien zurückkommen. Im Vereinigten Königreich, in Großbritannien herrscht eine Freiheit des Geistes, wie sie nur wenige andere Länder in gleichem Maße genossen haben. Eure Gemeinschaft hat ein ganz besonderes Juwel hervorgebracht, das sehr kostbar ist, denn obwohl es eine relativ kleine Gemeinschaft ist, leuchtet hier das Licht des freien Geistes sehr hell. Durch dieses Land, das selbst so viele verschiedene Lichter und rassische Traditionen in sich aufgenommen hat, wird die neue Vision gesehen werden. Die neue Rasse und die neuen Seelen werden zwar nicht hier wachsen und entstehen, aber durch dieses Juwel werden sie gesehen, verstanden und durch eine einzigartige Reife gehärtet werden.

Auch wenn die Vereinigten Staaten von Amerika jetzt so wichtig werden, so war es doch die spirituelle Freiheit und die Energie, die durch eure Gemeinschaft (Großbritannien) kam und dann in die Vereinigten Staaten gebracht wurde, die die reine Schwingung für das neue Bewußtsein angestimmt hat. Man könnte natürlich einwenden, daß Großbritannien als Kolonialmacht für diejenigen, über die es herrsch-te, sehr oft sehr unversöhnlich, streng und einschränkend war. Im Kern des britischen Bewußtseins jedoch brannte immer dieses Licht der Freiheit, das Amerika, die Vereinigten Staaten, brauchte, um zur vollkommenen Heimstätte für das neue Licht und für neue Seelen werden zu können.

Kapitel sieben

Persönliche Macht und Liebe

Während eurer Zeit auf der Erde bekommt ihr viele, viele Gelegenheiten, die alle eurem Wachstum und der Entfaltung eures Wesens dienen. Es ist wichtig, sich immer bewußt zu sein, daß das Leben euch mit jeder seiner Konfrontationen eine Tür öffnet, durch die ihr zu größerer Bewußtheit eurer selbst und zu einem tieferen Verständnis der Muster des Lebens gelangen könnt. Deshalb müßt ihr euch immer im klaren darüber sein, wie schwierig die Umstände auch sein mögen und wie sehr das Leben euch auch zu fordern scheint, daß ihr ein Aspekt Gottes seid und das, was vor euch liegt, klären, verstehen und überwinden könnt.

Ihr müßt wissen, daß ihr niemals Umständen oder Herausforderungen begegnet, ohne auch die Kraft und Weisheit zu haben, um zufriedenstellend damit umgehen zu können. Ein solches Leben hätte keinen Sinn.

Wißt immer, daß ihr Kinder Gottes seid und daß Gott durch euch Seine Liebe zum Ausdruck bringen möchte. Gottes Absicht ist, daß ihr Sein Herz seid. Er möchte durch euch die Qualitäten des Herzens ausdrücken. Es ist Gottes Wille und der Plan der Meister, daß die Menschheit auf der Erde Liebe leben soll, in all ihrer Macht, all ihrer Würde und in tiefer Wärme und Fürsorge. Wenn ihr also auf euer Leben blickt und einmal schaut, wie ihr normalerweise reagiert, dann sollt ihr das immer im Lichte dieses Wissens tun.

Stellt euch folgende Fragen: "Wie sehr und wie tief habe ich mit anderen die Liebe Gottes geteilt, die in mir ist? Wieviel Mitgefühl habe ich gezeigt und wieviel Vergebung? Wie sehr habe ich das Leben durch mein Dasein bereichert? Wie ist das Leben durch mich gesegnet?"

Veränderungen

Das sind die Fragen, die ihr euch jeden Tag stellen solltet. Ihr werdet merken und verstehen, daß in dieser Lebensphase viele Veränderungen auf euch zukommen werden. Wir haben viele Male von der Verwandlung der Erde gesprochen und darüber, daß die gegenwärtige Gesellschaft und die ökonomischen und politischen Verhältnisse sich jetzt ganz erheblich verändern müssen.

Es ist nicht so, daß Gott auf irgendeine mysteriöse Weise mit Seinen Kindern spielt und sie in Verwirrung stürzen will, sondern es liegt in der Natur der Dinge, daß sich der Mensch der wechselseitigen Abhängigkeit zwischen allen Lebensformen, dem menschlichen Leben und auch dem Leben anderer Dimensionen und Reiche hier auf der Erde bewußter werden muß. In diesem Vorwärtsdrängen, das geschehen muß, damit neuer Grund geschaffen wird für unser Verstehen, wird ganz unvermeidlich vieles von dem Alten, ganz gleich, wie gut es zu seiner Zeit gedient haben mag, auf dem Weg zu einem neuen Bewußtsein abgeschafft werden.

Gott in euch

Es ist eine Zeit für großen Mut, eine Zeit, in der jeder von euch unerschrocken und gewiß sein soll, daß das Licht des Vaters in seiner Ganzheit in euch ist. Da ist nichts, was jenseits eures Verstehens und eurer Ausdrucksmöglichkeiten läge. Und so habt ihr, wie auch immer das Leben euch erscheinen mag, nichts zu fürchten, wenn ihr eins sein könnt mit eurem göttlichen Kern und wißt, daß Gott nicht mit euch ist, sondern *in* euch.

Die Veränderungen, die um euch herum geschehen müssen, sind nichts weiter als ein Auflösen des Nebels, bevor die Sicht klar wird. Wenn ihr gerade jetzt einmal zurückblickt auf das Leben von vor zwanzig, dreißig, vierzig Jahren und es mit eurem jetzigen Sein vergleicht, dann seht ihr, daß Dinge, die einst nützlich und ein Ausdruck des menschlichen Bewußtseins waren, jetzt nicht mehr befriedigen können.

Das ist jetzt in so vielen Dingen der Fall.

Übergänge

Ihr habt jetzt auf der Erde wunderbare Wesen unter euch, die sich inkarniert haben, um in dieser Zeit des Übergangs zu dienen. Viele von euch werden in eine neue Richtung geschoben werden, vielleicht dadurch, daß etwas, das lange Zeit mit euch war, plötzlich von euch genommen wird. Vielleicht verliert ihr eure Beschäftigung. Es kann auch sein, daß jemand, den ihr geliebt habt, plötzlich entscheidet, daß er oder sie seine Rolle in dem Muster vollendet hat und die Erde verläßt und von euch scheidet! Oder ihr erreicht einen Punkt in eurem Leben, wo ihr seht und tief in eurem Herzen wißt, daß eine Veränderung ansteht.

Wenn so etwas geschieht, ist es der Geist in eurem eigenen Herzen, der anklopft und sagt: "Du mußt jetzt bereit sein, für das Leben zu arbeiten und die Dinge zu ehren, von denen du weißt, daß sie für dich und alle Menschen gut sind. Es ist Zeit, daß du dem Weg der Wahrheit folgst und auf jede praktische Weise, die du kennst, und im Einklang mit den höchsten Prinzipien des Lebens dienst.

Wenn eine solche Gelegenheit auf dich zukommt, solltest du sie als solche erkennen und ergreifen.

Wenn du jetzt in deinem Herzen eine Unruhe spürst, ein Verlangen nach Veränderung, dann ist es der Geist deines Herzens, der dir zuflüstert: "Es ist jetzt Zeit. Es ist Zeit, daß du schaust, wer du bist und was du tust." Die anderen um euch herum stellen möglicherweise eure Entscheidungen in Frage, aber wenn ihr wirklich der Menschheit dienen und zugleich euer spirituelles Feuer schüren möchtet, dann gibt es, das können wir versprechen, keine größere Freude und keinen größeren Wohlstand oder Erfolg als den, der sich einstellt, wenn ihr eurer eigenen Wahrheit folgt.

Der zwölfstrahlige Stern

Ihr verbreitet das Licht und die Wahrheit des Göttlichen Bewußtseins unter allen Menschen, und wenn ihr dieses Licht empfangt, könnt ihr euch auf den zwölfstrahligen Stern konzentrieren. Der zwölfstrahlige Stern ist deshalb so wichtig, weil er in eurer eigenen ätherischen Welt eine Schwingung erzeugt, durch die bestimmte Kräfte von der höchsten spirituellen Bewußtseinsebene durch das Denken der Meister ins Astrale und von da in den Äther fließen können, der ein Teil eurer Welt ist. Das verbindet die Herzen aller Wesen.

Die Macht, die hinter dem zwölfstrahligen Stern steht, ist so herrlich und vollkommen, daß er ein Schlüssel ist, der Fenster öffnet, die wiederum selbst Kanäle sind, durch die das Licht eintreten kann.

Es ist jetzt wichtig für euch, diese spezielle Verbindung ständig im Bewußtsein zu halten und zu wissen, daß dieses wunderbare Symbol, wenn ihr euch darauf konzentriert, das herrlichste Licht durch euer eigenes Sein kanalisieren wird. Eure Rolle dabei ist nicht, das Licht auf irgendeine Weise zu lenken, sondern es Melchisedek und Seinem eigenen mathematischen Einfallsreichtum zu überlassen, die Lichtfrequenzen zu liefern, die für die menschlichen Belange am besten geeignet sind.

Euer Kanal soll offen und rein sein. Ihr sollt die Kräfte frei durch euer mentales und emotionales Selbst in euren Äther fließen lassen. Ihr werdet dabei entdecken, daß der Einfluß zum Guten und zum Frieden wächst und beträchtliche Veränderungen in eurer Welt hervorbringen wird.

Eure Rolle ist es, eingestimmt zu sein, euer Herz dem zwölfstrahligen Stern zu öffnen und dem Licht, das er auf euch ausstrahlt. Dabei öffnet ihr eure Herzen der Menschheit und der Welt, in der sie inkarniert ist, und tut eure Arbeit, gebt euer Licht und eure Kraft, durch die das Gute sich tiefer manifestieren kann.

Kanäle des Lichts

Wir möchten euch bitten, in dieser Zeit an eure Welt zu denken. Während in eurem Denken hier immer mehr Frieden wächst, weil ihr alle auf dem Weg seid, euch selbst zu verstehen, und den Wunsch habt, zu geben, zu lieben und alles zu fördern, was schön ist und freundlich und Gottes wahres Lächeln, so gibt es in eurer Welt als Ganzer doch noch viele menschliche Seelen, die in absoluter Finsternis leben.

Ihre Wurzeln reichen tief hinunter in die Tiefen der Erde. Sie berühren die verdunkelten Lichter des Hades und bringen so der Erde Schmerz. Sie haben ein perverses Vergnügen an den verzerrten Mechanismen ihres Denkens, das Freude durch Schmerz bringen will, und ihr Lachen ist das Lachen der Demütigung, und sie finden Erfüllung darin, das Blühen der menschlichen Rasse durch Töten und alle Arten von Unwürdigkeiten zu unterdrücken.

Ihr sollt wissen, daß ihr, wenn ihr wie heute abend zusammenkommt, frisches und kräftigeres Licht in den

Äther der Erde bringt. Ihr schafft einen Rahmen, auf dem die Engel Tempel von Licht und Frieden errichten können. Dieses Licht kann dann um die Erde herumgeleitet werden, um in die Herzen aller Menschen Frieden zu bringen, eine Gelegenheit, aus der Dunkelheit und deren Illusion aufzusteigen unter den Schirm von Liebe und Licht.

Es gibt Seelen, die in den Händen von Folterern in das astrale Licht übergehen. Andere gelangen in dieses Licht durch eine Pistolenkugel oder durch einen Messerstich voller Haß und Gift, wie es nicht einmal einer Schlange zu Gebote stünde. Euer Licht hier kann ihnen helfen, wenn sie, oft verwirrt, oft im Trauma, oft voller Schmerz und Leid und manchmal noch nicht einmal sich darüber bewußt, in eine andere Welt übergewechselt zu sein, in das astrale Bewußtsein kommen.

Euer Licht bringt Rettung. Es gibt ihnen Gelegenheit, sich auf ihre neue Realität zu konzentrieren und dann in ihr astrales Leben des Selbstverstehens weiterzugehen, bevor sie höher aufsteigen und ihr mentales Prinzip berühren und sich nach ihrer Seele ausstrecken können.

Ihr seid immer mit dieser Arbeit beschäftigt, ob ihr das wißt oder nicht, und in dieser Zeit habt ihr in dieser speziellen Gruppe uns beim Übergang von mindestens siebzehn Seelen, die nahe der Erde gefangen waren, geholfen. Zwei davon waren englische Soldaten, die während des Golfkrieges in die astrale Sphäre übergegangen sind. Sie sind jetzt ins Licht geführt worden; sie haben ihre Familienmitglieder getroffen, die früher gegangen waren, und sie sind in Frieden. Dafür möchten wir euch danken.

Kapitel acht

Kontakte mit Außerirdischen

Wir haben davon gesprochen, daß Wesen von erhabenen Seinsebenen zur Erde kommen, und auch die erwähnt, die von anderen Planeten aus mit der Erde kommunizieren, auch von jenseits dieses Sonnensystems aus anderen Bereichen eurer Glaxie.

Solche Wesen aus anderen Bereichen des Sonnensystems und der Galaxie gibt es immer auf eurer Erde, aber für gewöhnlich kommen sie nur bis in den Äther, und sehr oft existieren sie sogar auf einer noch feinstofflicheren Ebene, auf einem subtilen Oberton der physischen Ebene. Ihr habt vielleicht manchmal auf Reisen oder beim Spaziergang das Gefühl, andere Wesen nahe um euch zu haben. Manchmal sind das außerirdische Wesen, die sich der Erde genähert haben, um unter euch zu sein, zu beobachten, zu lehren, zu teilen und gelegentlich auch, um von dem, was hier vor sich geht, etwas zu lernen.

Hier gibt es jedoch ein paar wichtige Dinge zu bedenken.

Es hat mit höchsten Regierungskreisen und dem militärischen Establishment der entwickeltsten Nationen der Erde bereits eine sehr tiefreichende Kommunikation stattgefunden, und wir möchten euch sagen, daß es an mehreren Stellen der Erde physische Manifestationen gibt, die die Überbleibsel von Besuchen Außerirdischer sind.

In den Vereinigten Staaten von Amerika existieren mindestens drei solcher Manifestationen physischer Raumschiffe, die die Behörden dort unter Gewahrsam haben. Sie haben vielleicht nicht nachweisen können, woher sie kommen, und sie konnten auch die Molekularstruktur der Substanzen, aus denen diese Raumschiffe bestehen, nicht begreifen.

Es gibt Leute auf der Erde, die bestimmte technologische, astronomische und selbst biologische Ideen und Prinzipien von Außerirdischen übermittelt bekamen, die fähig waren, sich mit dem menschlichen Bewußtsein zu verbinden, es zu lehren und zu inspirieren.

Vergeßt jedoch nicht, daß auch der Mensch selbst nicht wirklich von der Erde kommt. Nur seine gegenwärtige physische Form wurde auf der Erde genährt, aber das Wesen, die Essenz des Menschen, kommt von jenseits des Planeten. Der Kanal, durch den wir hier kommunizieren und der mit euch spricht, ist selbst eine Wesenheit von jenseits dieses Sonnensystems, die außer etwa drei Inkarnationen auf der Erde wenig mit diesem Sonnensystem zu tun hat.

Das trifft für viele Wesen zu.

Es gibt jetzt Wesenheiten auf der Erde, die außerirdischen Ursprungs sind und sich in physischer Form manifestiert haben. Einige von ihnen leben wie ganz gewöhnliche Menschen innerhalb der Kultur eurer Erde, denn manchen dieser Wesenheiten ist es gelungen, eine physische Manifestation hervorzubringen, die fast identisch ist mit den Hauptströmungen der menschlichen Wurzelrassen, die bislang auf der Erde waren. Sie leben jetzt mitten unter euch.

Ihr seht also, daß es Leute auf der Erde gibt, mit denen ihr über ihre unmittelbare außerirdische Herkunft sprechen könntet. Ihr könntet Zugang zu ihren Bereichen der Galaxie bekommen, nicht einfach durch eine Reise dorthin, sondern dadurch, daß ihr euch im Bewußtsein mit ihrer Erfahrungswelt verbindet, weil sie euch und durch euch vermitteln können, woher sie in Wahrheit kommen.

Kommunikation

Es ist möglich, mit Wesen von außerhalb der Erde zu kommunizieren. Wir kommen in einer bestimmten Weise durch diesen Kanal hier, und in gewissem Sinne könntet ihr auch uns als Außerirdische betrachten, denn das sind wir gewissermaßen, wenn auch unser Bewußtsein größtenteils innerhalb der mentalen Ebenen dieses Sonnensystems funktioniert. Melchisedek kommt von jenseits dieses Sonnensystems, und auch der Ursprung der Evolution des Christus liegt tatsächlich jenseits eurer Galaxie. Um aber alle diese Dinge zusammenzubringen und ihren wirklichen Sinn zu verstehen, müssen wir uns vielleicht vor allem darüber im klaren sein, daß ihr euch in jedem Augenblick bewußtseinsmäßig auf Besucher aus anderen Welten einstimmen könnt, und daß sie kommen können, wann immer ihr Kontakt mit ihnen haben wollt.

Wenn ihr mit ihnen kommunizieren wollt, dann tut es immer mit einer liebevollen Haltung. Sucht euch auf Wesen einzustimmen, die durch das Licht des Christus, des Mitfühlenden, durch das Kosmische Licht der Liebe zu euch kommen.

Sucht die Verbindung immer um spiritueller Weisheit willen, um euch eures wahren Selbst bewußter zu werden und so der Menschheit und der Schöpfung besser dienen zu können, nicht aus Sensationslust oder um raschen persönlichen Gewinn oder Einfluß daraus zu beziehen.

Wenn ihr diese Wesenheiten bittet, sich mit euch in Verbindung zu setzen, dann werden sie auf irgendeine Weise zu euch kommen und von ihrer Herkunft und Weisheit Zeugnis ablegen.

Ihr seid im Laufe eures täglichen Lebens sehr oft in Kontakt mit anderen Wesen, die bewußt wissen, daß sie von einem anderen Planeten oder aus einem anderen Teil dieses großen und wunderbaren Universums kommen, aber sie verbinden sich mit euch nach ihrer eigenen Wahl und kommunizieren nur dann mit euch, wenn ihr bereit seid, euch ihnen zu öffnen und euch auf ihre großen Gedanken und Prinzipien einzustimmen.

Vergeßt jedoch nicht, daß die größte Kommunikation die des Menschen mit seiner eigenen Seele ist.

Kapitel neun

ALLES IST VON BEDEUTUNG

Jedesmal, wenn ihr etwas tut, speichert ihr das, was ihr erlebt, und das Verständnis, was ihr in jedem einzelnen Augenblick eures Lebens dazugewinnt, in eurem Herzen und im Licht eurer Seele, das in den Herzkammern wohnt.

Das ist sehr wichtig. Es bedeutet, daß es in jeder Sekunde eurer Existenz auf Erden nichts gibt, was unwichtig oder sinnlos wäre. Nichts, was ihr im Laufe eines Tages tut, ist nicht von größter Bedeutung.

Aufgrund dessen, was ihr auf der irdischen Ebene seid, durch die Strukturierung und Begrenzung eures Bewußtseins über Jahre und Jahre von begrenzten Gedankenmustern und mangelndem Wissen um euer inneres Selbst, versteht ihr meist den Wert und die tatsächliche Wichtigkeit aller Dinge, mit denen ihr zu tun habt, nicht. Staubwischen, den Boden putzen, Dinge, die ihr nicht mehr braucht, in den Mülleimer werfen, alle diese Augenblicke, die unwichtig scheinen, sind von immenser Bedeutung. Wenn ihr etwas wegwerft, was in eurem Leben keinen Platz mehr hat, so ist das ein Akt der Anerkennung der Zyklen des Lebens und der Art und Weise, wie wir von einer Erfahrung zur nächsten wechseln. Denn die Schachtel, die einst etwas sehr Wichtiges enthielt, ist euch, wenn auch nur kurz, gegeben, und zu ihrer Zeit kehrt sie zum Leben zurück, in die Erde, in das Energiefeld, aus dem sie gekommen ist.

Und wenn ihr Gemüse putzt, dann hat das Gemüse einen Sinn, indem es durch das, was ihr essen könnt und woraus ihr Nährstoffe bezieht, Gutes und Lebenskraft in euer Leben bringt, die Nährstoffe, die euch die Kraft geben, im physischen Bereich zu leben. Selbst die Schalen, die ihr abgeschnitten und für die ihr keine praktische Verwendung mehr habt, sind eure Opfergabe zurück an die Erde. Sie sind für euch eine Verbindung mit dem Zyklus, der alle Dinge zur Reife bringt und sie dann losläßt, so daß sie rückwärts, aufwärts, vorwärts oder seitwärts in eine neue Erfahrung hineingehen können. So setzt sich das Muster von Wachstum, von Veränderung und der Verwandlung von Zustand und Absicht fort.

Schauen wir uns einmal die Schalen eines Gemüses an, wie zum Beispiel die einer Kartoffel, eines eßbaren Gemüses also. Sie erscheinen euch ganz unbedeutend und unwichtig. Und doch nehmt ihr, während ihr die Schale abschält, für euch das, was ihr als gut für euch identifizieren, was ihr aufnehmen und woraus ihr Energie beziehen könnt, und dann werft ihr die Teile, die ihr nicht mehr gebrauchen könnt, weg. Vielleicht werft ihr sie in den Kompostbehälter in eurem Garten oder in die Mülltonne, aber letztlich gebt ihr die Dinge, die ihr ganz kurz für eure Annehmlichkeit in dieser physischen Welt nutzen durftet, zurück an das Leben und seine Zyklen.

Euer ganzes Leben sollte eine Kontemplation der Wahrheit und Erfahrung sein, und jedem Augenblick eures Lebens sollt ihr ganz besonderen Wert beimessen und eine Achtung, die zeigt, daß ihr für jeden Augenblick dankbar seid, nicht nur für die Momente von sichtbarer materieller Bedeutung, sondern auch die, wo ihr den Boden kehrt oder staubwischt.

Wir können euch versichern, daß in kosmischer Hinsicht euer Umgehen mit dem Staub in eurer Wohnung genauso wichtig ist wie Erfahrungen von Ruhm und Glück und von Zeiten großer Anerkennung.

Diese einfachen Erfahrungen sind oft diejenigen, die die schönsten Muster und das schönste Licht in den Körper der

Seele einprägen, und die Dinge, für die wir vielleicht die schönsten Auszeichnungen bekommen würden, sind oft von geringerer Bedeutung als die winzigen alltäglichen Erfahrungen.

Deshalb wird das, was man spirituelles Wachstum nennt, oft viel mächtiger in den scheinbar alltäglichen Bereichen des Lebens erfahren als in den Augenblicken scheinbarer Größe.

Wir müssen in dieser Zeit dringend sehr viel mehr daran arbeiten, Gedanken der Liebe und des Verständnisses in die Welt zu senden. Während wir hier in diesem Raum sitzen, verlassen Seelen das physische Leben, um in höhere, feinere Bewußtseinsbereiche überzugehen. Manche machen dabei mentale Prozesse durch, die genauso natürlich sind, aber eingehüllt in Schock und Trauma. Natürlich gibt es durch die Kriege auch Seelen, die, während wir hier mit euch sprechen, aus dem physischen Leben in das Bewußtsein der niederen astralen Ebenen überwechseln, und diese brauchen in vielen Fällen Hilfe und Führung, denn manche sterben einen schellen Tod.

Ihr sollt wissen, daß eine Gruppe wie diese den Wesenheiten, die von den Höheren Ebenen aus mit den Meistern und den Bruderschaften zusammenarbeiten, helfen, Energien von Licht und Frieden und Verständnis auf die Erde zu konzentrieren, die für diejenigen, die den Erdenplan verlassen, wie "Bewußtseinsleitern" wirken.

Ihr erschafft eine wunderschöne Kraft, die die Seelen der Verirrten und Verlorenen anzieht, so daß sie ihren Weg zum Licht der nächsten Realität, die sie einlädt und auf ihre Ankunft wartet, finden können. Ihr sollt wissen, daß eure Kraft und Liebe in dieser Stunde, die wir mit euch verbracht haben, für uns von großem Wert sind.

Kapitel zehn

Veränderungen der Astralebene

Diese Mitteilungen empfingen wir in einer kleinen Gruppe im November 1992. Sie betreffen Veränderungen auf der astralen oder emotionalen Ebene und die Auswirkungen, die das auf uns haben kann.

Mitteilungen von Höheren Ebenen

10.11.92

Wir suchen den Kontakt mit euch unter anderem deshalb, weil wir ein gewisses Verständnis dafür vermitteln wollen, welche Prinzipien den Veränderungen des menschlichen Bewußtseins zugrundeliegen, und auch um herauszufinden, wie wir am besten mit den Instinkten und dem feineren Wissen eures höheren Selbst zusammenarbeiten können, das den Rest von euch in eine neue und dynamischere Phase des menschlichen Seins locken möchte.

In dieser Zeit kommen natürlich viele Mitteilungen durch Kanäle wie diesen auf die Erde, und zuerst und vor allem möchten wir euch raten, alle Worte oder Gedanken, die euch vorgelegt werden, immer nach eurem eigenen bestenWissen und eurer eigenen inneren Weisheit zu bewerten. Neue Einsichten gewinnt ihr durch euer eigenes Herz und Gemüt, und wenn irgend etwas den höchsten

Prinzipien eures eigenen Bewußtseins ernsthaft widerstrebt, dann habt ihr natürlich die Verantwortung, diese Gedanken abzulehnen oder beiseite zu schieben, wenn sie in den Kammern eures eigenen Herzens und seiner Güte keinen Widerhall finden.

Ihr müßt der Quelle der Freude in eurem eigenen Wesen treu bleiben. Verratet nie eure innere Stimme, die euch treu dient und euch immer aufruft, das Leben und eure eigene Rolle in dem Muster, das vor euch liegt, höher zu schätzen.

Wir glauben, daß in dieser Zeit die dunkleren Seiten des Bewußtseins versuchen, den Menschen noch stärker zu fesseln, so daß er lediglich eine Illusion gegen eine andere eintauscht. Ihr müßt deshalb unbedingt wissen, daß nur eine Wahrheit, die euch befreit und die immer mehr eure Herrlichkeit und Liebe feiert, irgendwie von Bedeutung sein kann. Wo ein Gedanke oder eine Lehre euch zu Füßen eines Meisters zu Sklaven seiner Befehle oder Forderungen macht, da sollt ihr ihre Fragwürdigkeit sehen und sie entsprechend behandeln.

Seid euch immer bewußt, daß ihr Lichtwesen von unendlichen Möglichkeiten seid, die man anspornen und inspirieren kann, aber nicht drängen, nötigen oder sogar in Furcht versetzen, so daß ihr womöglich nicht aus Freude handelt, sondern aus Pflichtgefühl oder sogar aus Angst.

Emotionale Herausforderungen

Für uns besteht die größte Schwierigkeit des Menschen darin, sein emotionales Selbst zu überwinden, denn so viel von eurem Bewußtsein und eurer Wahrnehmung liegt in den emotionalen Strukturen, die die Menschheit um sich herum aufgebaut hat. Die größere Aufgabe dieser Zeit ist die Umwandlung dieses Kraftfeldes in einen leichteren und klareren Bereich, in dem sich euer Bewußtsein bewegen kann, so daß ihr in wahrer Bewußtheit den höheren Standpunkt einnehmen und die Kinder des Lichts werden könnt, die ihr in Wahrheit sein solltet vom Anbeginn eures Seins.

Wir wissen, daß an diesem besonderen Punkt eurer Geschichte das Umfeld eures Planeten und deshalb auch die menschliche Erfahrungswelt von einem riesigen Bewußtseinsreservoir befreit wird. Von eurem Standpunkt aus gesehen ist es, als würden die trüben Wasser des Bewußtseins gefiltert und zu einer kristallinen, funkelnden Form gereinigt, so daß ihr leichter durch die Dunkelheit ins Licht sehen könnt. Das geschieht jetzt innerhalb der emotionalen und der Wunschwelten, die oft als astrales Licht oder Astralwelt bezeichnet werden. So viele der menschlichen Reaktionen sind ein Widerhall der Gedanken aus dieser riesigen konditionierenden Astralsphäre, und während die Menschheit ihre Rolle besonders auf der Erde ausagiert, findet ein ständiger Austausch statt mit der Dynamik dieser Ebene, die der Mensch für sich selbst geschaffen hat. Die Interaktion mit diesem riesigen und sehr dichten Feld erschafft eine Illusion, die den größeren Teil der Menschheit in ein zyklisches, behinderndes und destruktives Rahmenmuster einbindet. Es verdunkelt das wahre Verständnis des Sonnen-Selbst, des Licht-Selbst und der spirituellen Kraft, die im Kern aller menschlichen Funktionen liegt, jedoch verdeckt durch jene Dichte und den Apparat, den sie benutzt, um die Illusion von sich selbst aufrechtzuerhalten. Und aus dieser Illusion entstehen immer weitere Prozesse, immer wirrere Illusionen und Phantasien.

In diesem Augenblick ist ein Versuch im Gange, der sich zu einer erfolgreichen Lösung entfalten wird, wodurch die Schwingungen dieser Ebene geklärt und zu einer neuen, reineren Form geöffnet werden.

Dies hat eine mächtige Wirkung auf eure Individualität und euer innerstes Wesen. Die schwierigeren Aspekte dieser Erfahrung haben damit zu tun, daß innerhalb der emotionalen und der Wunschnatur des einzelnen die Neigung besteht, besitzen und begrenzen zu wollen, und viele der Beziehungen , die der Mensch auf seiner Reise durch die letzte Epoche eingegangen ist, beruhten auf dem astralen oder dem emotionalen Selbst.

So werden im Verlaufe dieser Reinigung und Klärung diejenigen von euch, die die Vorhut dieser Erfahrung bilden, merken, daß viele der emotionalen Verbrämungen ihres Lebens abfallen und den Weg und die eigene Vision klären, und so wird die Dynamik eurer Beziehungen klarer und deutlicher definiert. Im Verlauf dieses Prozesses werden viele Illusionen aufgedeckt, und wo eine Beziehung nicht auf den Energien des Herzens und der Qualitäten wahrer Seelenerfahrung beruht, wird sie sich als schwierig und gefährdet erweisen.

Herzensbeziehungen, in denen durch die Dynamik der Seele ein Austausch da ist, der in sich selbst in bestimmter Weise zur Entfaltung des größten Planes beiträgt, werden sogar noch stabiler werden und eine frischere und dynamischere Dimension des Erlebens hinzugewinnen, größer als je zuvor in der menschlichen Geschichte.

Ihr entdeckt vielleicht in eurem eigenen Leben, daß sich die Art eurer Beziehungen zu den euch nahestehenden Menschen verändert und ihr neue Wege und Dimensionen entdeckt. So kommt es zu einem rascheren Wechsel der Beziehungen – einige lösen sich auf und verschwinden, andere entstehen und wachsen. Die zentralen Herzensbeziehungen werden stärker und durchsetzungsfähiger und strahlen das Wesen des Göttlichen, das sein Mysterium in der Zwillingsdynamik der Dualität zum Ausdruck bringt, immer weiter ins Leben hinaus.

Indem wir uns der Vision der Seele nähern, kommen wir auch der Freiheit näher, die eine solche Vision bringen wird, und die emotionalen Beschränkungen, die wahre und offene Beziehungen verhindert haben, werden sich allmählich auflösen. In den kommenden Jahren werden Beziehungen sich auf ganz wunderbare Weise ausdrücken können.

Ehrlichkeit

Ein Merkmal des astralen oder emotionalen Lichtes ist die Neigung, nicht ehrlich zu sein, die Tendenz zu einem Leben, in dem selten die Wahrheit gesagt wird, und wo es oft als stark oder klug, als wünschenswert oder zumindest als annehmbar gilt, die Wahrheit zu verachten oder zu verbergen. Nach der Klärung, die jetzt erfolgt, wird das nicht mehr so sein, denn wir bewegen uns auf ein Bewußtsein zu, wo die Offenheit des Herzens die Illusion von Täuschung nicht mehr duldet, wir bewegen uns zu Offenheit und Ehrlichkeit uns selbst und anderen gegenüber. Wir dürfen uns nicht länger mehr in einer Maske verstecken, hinter der wir unsere tiefsten Ängste verbergen und der Wahrheit in uns und den anderen auszuweichen versuchen.

Zu dieser Zeit ist von allen Menschen größere Ehrlichkeit gefordert. Ehrlichkeit ist nicht zu verwechseln mit Aggression oder Bevormundung oder dem Wunsch, andere durch unsere Direktheit zu beeindrucken. Es geht eher darum, offen zu sein und die reine Herzensessenz, die wahre Schwingung der eigenen einzigartigen Herzensqualität, die wir ins Leben einbringen, zu zeigen und zu teilen.

Diese Reinigung und Läuterung wird manchmal auch die Dinge und Gefühle an die Oberfläche bringen, die viele für Vergangenheit gehalten haben. Dies liegt an unserer alten Einstellung und Neigung, Unangenehmes zu verdrängen, es in die Tiefen unseres Unterbewußtseins abzuschieben. Die neue Realität und die Klärung des emotionalen Selbst werden kein Verdrängen mehr gestatten. Solche Denkmuster werden jetzt entfernt. Je deutlicher dies wird, und je schneller es geht, umso mehr der alten Muster und Kräfte unseres emotionalen Selbst werden an die Oberfläche des individuellen Bewußtseins kommen, die wir erkennen und in unserem Bewußtsein und unserer Seele in eine höhere Kraft umwandeln müssen.

Dies geschieht im einzelnen ebenso wie innerhalb von Gruppen, Sekten und Nationen und innerhalb der gesamten Gemeinschaft der Menschen selbst. Deshalb kommen jetzt so viele Muster, die wir für vergangen hielten und die von starken Emotionen untermauert sind, wieder an die Oberfläche, aber wir dürfen auf keinen Fall versuchen, sie wieder zu unterdrücken. Sie müssen befreit und durch die Liebe unseres Herzens umgewandelt werden, worin uns diese jetzige Zeit unterstützt und ermutigt.

Die Zeit der Konflikte ist vorbei. Das Zeitalter der Einheit ist mit uns. Wenn wir uns ganz bewußt machen, daß wir eins miteinander sind, daß alles Leben eins ist und wir alle demselben Seelenziel zustreben, wird uns die Kraft gegeben, alle die destruktiven Kräfte in uns in Reinheit und Licht zu verwandeln und sie zu heben.

Wiedererwachen zu einer größeren Vergangenheit

Es ist eine Zeit, wo der emotionale Mensch erlöst werden und in ein neues, klareres und nach außen schauendes Geschöpf verwandelt werden kann.

Vielleicht ist es auch eine wunderbare Gelegenheit für alle Seelen, das Erwachen in sich selbst zu begreifen, denn in dem Maße, wie die emotionale Substanz geklärt wird, werden auch die Erinnerungen an eine größere Vergangenheit in eurem Bewußtsein auferstehen. Die Erinnerungen an eine innere Identität, die eure gegenwärtige Wahrnehmung eines begrenzten und endlichen Menschen transzendiert, wird allmählich in eurem Bewußtsein klarer zutage treten.

Dieses Erwachen wird über alle Seelen kommen. Bis zu welchem Grad und wie es sich manifestiert, wird von der Natur des einzelnen abhängig sein, aber geschehen wird es. Es wird sich auf euer Gemüt auswirken und auf euren Körper, und es wird ganz klar das Licht und die Reinheit des Geistes in euer Denken bringen. Wißt, daß die Wesen, die hier sind, um mitzuhelfen, das Bewußtsein zu erheben und das neue und vollkommene Gefühl zu bringen, jederzeit in euch und um euch herum sind.

Denkt daran, daß es nicht immer die sind, die sich Meister nennen, in deren Unternehmungen das Licht der Seele hell leuchtet. Viele werden überrascht sein, wenn schließlich offenbar wird, wer diese großen spirituellen Seelen sind; denn nicht immer sind die, die Weisheit proklamieren und Beifall für sich in Anspruch nehmen, gleichzeitig die, die das Licht besitzen.

Oft finden wir das Wirken der höheren Ebenen und das wahre Potential, das als Katalysator der Veränderung in denjenigen wirkt, die damit in Berührung kommen, in der Demut und Stille eines offenen Herzens und einer offenen Seele. Ihr sollt in eurem eigenen Tätigkeitsbereich alle Seelen als potentielle Quelle der Verwandlung eures eigenen Lichtes betrachten. Wenn ihr diese Seelen findet, bekommt eure Suche und euer Weg in die Unendlichkeit und ins Wunderbare neuen Auftrieb.

Auf praktischer Ebene ist es für jeden lebendigen Menschen, der klar darüber nachdenkt, offensichtlich, daß die gesellschaftlichen und wirtschaftlichen Veränderungen, denen ihr euch dieser Tage gegenüberseht, eine Widerspiegelung dieser Reinigung sind. Man kann nicht die Herzen der Menschen öffnen für ein reines und ehrliches Licht und gleichzeitig dieses Licht noch durch etwas verbergen, was nicht damit in Einklang ist. Die Strukturen, die sich nicht mit dem Fluß der Zeiten ändern und wachsen wollen, müssen unvermeidlich vergehen und durch andere ersetzt werden. Ihr habt in eurer Kultur jetzt eine bemerkenswerte Gelegenheit, Ehrlichkeit und Offenheit in alle Angelegenheiten der Menschen zu bringen, insbesondere in die, die mit Finanzen und dem Austausch von Reichtümern und materieller Energie in euren Kulturen zu tun haben. Der Mensch kann sich nicht länger von Gier und Egoismus und seiner Fähigkeit, andere materiell auszunützen, leiten lassen. Wenn er das tut, bringt er in die äußere Welt eine Eigenschaft hinein, die sie eigentlich nicht besitzt, und er vergißt, daß das wahre Königreich in seinem Herzen über seine Realität bestimmt.

In eurem täglichen Leben habt ihr die Verantwortung, euch Zeit für die zu nehmen, die in Not sind und offensichtlich in emotionalen Schwierigkeiten stecken. Alle Menschen müssen erkennen, daß Ganzheit bedeutungslos ist, wenn sie nicht alles Leben und alle Wesen einschließt. Im Bewußtsein der Seele ist, wenn es eine ehrliche und emotional befreite Gesellschaft geben soll, für Egoismus kein Platz. Alle Menschen müssen bereit sein, mit denen zu teilen, die belastet sind, sei es durch die Herausforderungen dieser Zeit oder sogar durch die Folgen ihrer eigenen karmischen Muster und die Art und Weise, wie die Schwierigkeiten sich jetzt um sie herum manifestieren. Alle Menschen sind mitverantwortlich für die anderen, die nicht so viel Glück zu haben scheinen wie sie selbst, und sie sollen bereit sein, zu teilen und auszutauschen, wenn auch natürlich nicht ohne ein gewisses Maß an Bewußtheit für ihre eigene Selbsterhaltung. Ihr könnt aber eure eigene wahre Qualität nur dann erhalten, wenn ihr euer gutes Selbst ausstrahlen laßt. Dadurch daß ihr andere unterstützt, kann das wunderbare Werk der Erlösung vor euch ausgebreitet und in euch hineingelegt werden.

Es geht hier um eine große Aufgabe. Alle Menschen müssen mithelfen bei der Anhebung des Bewußtseins. Wir haben oft gehört, daß nur eine begrenzte Anzahl von Seelen innerhalb dieser Erfahrungskette sich zu einem neuen Bewußtsein aufschwingen kann. Nach unserem Verständnis ist das eine Fiktion. Die Art und Weise, wie die Menschen miteinander verbunden sind, legt nahe, daß jede Seele innerhalb eurer Bewußtseinskette den Übergang zu einem höheren Bewußtsein schaffen muß und wird, auch wenn das in mancher Hinsicht Bewegungen innerhalb von Bewegungen, Räder innerhalb von Rädern und Bewußtseinsebenen innerhalb einer größeren Veränderung bedeuten wird. Jeder von euch ist jedoch aufgerufen, an der Verwandlung der emotionalen Kräfte des Menschen mitzuwirken und alles in die Sphäre des Herzens zu bringen.

Es gibt viele komplexe Schichten um die Menschheit herum, die so oft Werkzeug des Widerstands gegen die Wahrheit selbst zu sein scheinen, die wir verstehen und mit euch zu teilen versuchen. Es gibt Menschen, die sich noch immer dem offensichtlichen Strom und dem Erwachen im Herzen so vieler Menschen entgegenstellen. Doch wird es wie eine riesige Welle, die über den Ozean rollt, schließlich eine einzige vollständige Bewegung geben, die alle berührt. Deshalb muß das Alte ausgeräumt werden. Es wird geschehen, es gibt keine andere Möglichkeit. Es ist innerhalb des gesamten Rahmens der Erde selbst, des Sonnensystems und tatsächlich des gesamten Universums, in dem ihr euch zu dieser Zeit befindet, zu wichtig. Zu viel an Entwicklung und Veränderung ist schon geschehen, als daß es sich noch aufhalten ließe.

Erleuchtung

Es ist vielleicht wichtig zu wissen, daß viele Seelen im Kreislauf ihres emotionalen Selbst in die Falle gegangen sind oder sogar in den Perioden zwischen ihren Inkarnationen auf dieser Erde feststecken. Auf dieser Reaktionsebene sind sie ganz in der Illusion des nächsten Lebens gefangen und können den Himmel nur als einen Ort sehen, wo sie sich durch ihre Wünsche durcharbeiten und immer noch Enttäuschungen erfahren. So sind sie gebunden, zur Erde zurückzukommen und erneut mit den Illusionsmustern zu kämpfen, denn sie schauen nicht weiter, nicht in das höhere Licht, das höhere Bewußtsein hinein, wo ihr Sonnenengel winkt mit einer größeren Vision, einem größeren Verstehen und einem wunderbaren Vermögen, wirksam zu sein.

Diese Seelen, besonders jene, die jetzt auf eurer Erde leben und sich inkarnieren, würden vielleicht kein Wort von dem verstehen, was wir hier besprechen. Wenn ihr jedoch in eurem Bewußtsein anfangt, diese Ideen auszuweiten, sie durch ein reines Leben hier und jetzt zu demonstrieren und die grundlegenden Lehren anzuwenden, die von den großen Avataren und Wesen, die auf der Erde lebten, gegeben wurden – insbesondere durch das Christusbewußtsein – dann muß schließlich die Wahrheit, die in eurem eigenen Leben schön und groß zum Ausdruck kommt, für alle Menschen die Wahrheit werden. Das Licht, das in eurem eigenen Herzen ganz besonders ist, wird zu dem ganz besonderen Licht für alle Menschen werden. Durch die Göttlichkeit in eurem eigenen Herzen gebt ihr die Erleuchtung an andere weiter, und diese Dynamik, die sich in eurer Lebensweise darstellt und ausdrückt, ist das Wesentliche.

Erfahrungen Umwandeln

Manchmal sind Menschen, die einen Blick auf die neue Vision erhascht haben und berührt wurden vom Geist anderer Bewußtseinsebenen wie von uns, schnell bereit, diese Wirklichkeit hier als Fehlschlag abzutun, den man besser fallen läßt, wovor man am besten flüchtet, und sie lassen die Muster ihres Lebens wie etwas zurück, wofür sie keine Verantwortung tragen. Das kann man nicht tun. Ihr tragt Verantwortung für das, was ihr aufgebaut habt. Ihr müßt durch euer materielles Leben und die Gelegenheit, die ihr jetzt bekommt, die Gesamtheit eurer früheren Erfahrungen in euer Bewußtsein holen und verarbeiten. So könnt ihr jedes Molekül an Substanz, dem ihr begegnet seid, verwandeln und durchleuchten und eine neue Realität in Harmonie mit den Engeln, den Kräften der spirituellen Meister und des liebenden Christus in eurem Herzen erschaffen.

So verwandelt ihr die gesamte Erfahrungswelt der Menschheit in dieser Runde, einschließlich der Dunkelheit, der Illusion, der Täuschung und der Manipulation, die durchgearbeitet und gesühnt werden müssen. Es liegt nicht im Interesse der Menschheit, daß Seelen sich ihrer unerfüllten Verantwortungen einfach zu entledigen trachten und dadurch nutzlos werden.

Nützt jetzt eure Zeit, um die höchsten Prinzipien in eurem Leben zu verwirklichen, um die Liebe Christi in euch aufzunehmen und die Weisheit, um diese Liebe wirksam und auf eine Weise einzusetzen, die dem höchsten Wohle eurer Brüder und Schwestern dient. Öffnet allen Menschen das Tor zu einer größeren Realität, nicht nur euch selbst. Das ist das Geheimnis spiritueller Meisterschaft, denn nur durch Dienen könnt ihr die Größe entfalten, die schon in euch liegt, und das wunderbare Bewußtsein wieder auferstehen lassen, das so lange Zeit verborgen war.

Spirituelle Kommunikation

Ein Mensch, der zu sehr von seiner physischen Natur abhängt und keinen Rückhalt durch eine spirituelle Perspektive hat, kommt in Schwierigkeiten und wird viel von der Qualität, die er aus sich selbst zu haben meint, einbüßen. Nur diejenigen, die bereit sind, über die Begrenzungen des Astralen hinauszuschauen, werden das neue Bewußtsein und die besondere Göttlichkeit erkennen, mit der sie leben und wirken müssen.

Viele der spirituellen Botschaften früherer Zeiten waren Kommunikationen von der astralen, emotionalen Bewußtseinsebene, und im Laufe der Wochen und Monate werden sich diese Verbindungen immer schlechter aufrechterhalten lassen. Denn die Seelen, die ihr Bewußtsein auf die astralen Ebenen konzentriert haben, bekommen Hilfe und Beistand, um ihr eigenes Bewußtsein anzuheben und selbst neu geboren zu werden, zu erwachen. Deshalb wird sich in der sogenannten Medialität vieles ändern. Viele Menschen haben bereits solche Veränderungen festgestellt.

Wir kommunizieren hauptsächlich mental und können deshalb damit so lange fortfahren, wie es dem höchsten Wohle derjenigen, mit denen wir sprechen, dient. Euch allen wird jedoch der Weg zur eigenen Meisterschaft klarer in die eigenen Hände gelegt. Es erfordert nicht mehr als Offenheit des Herzens und den Willen, die Prinzipien liebender Weisheit in eure Angelegenheiten zu übernehmen. Wenn ihr so lebt und arbeitet, erschafft ihr eine Resonanz in euch, die alle Schwierigkeiten und alle Veränderungen, denen ihr euch gegenüberseht, überwindet. Mehr braucht ihr nicht zu tun.

Es ist in sich selbst eine leichte Aufgabe, aber die Erfordernisse können euch schwer erscheinen, denn es ist keine Technik vonnöten, sondern eine Offenheit des Seins, die in allen kommenden Zeiten wesentlich für euch ist.

Gott sei mit euch.

Kapitel elf

Fragen und Antworten

Frage: Glaubt ihr, daß dem Leben hier ein Muster zugrundeliegt, daß also bestimmte Ereignisse geschehen müssen?

Das Leben hat für jeden Menschen auf Erden ein Muster. Nicht zwei inkarnierte Seelen auf dem Planeten haben dasselbe Ziel mitbekommen, und für jeden einzelnen von euch ist der Weg anders.

Deshalb ist es müßig, eure eigenen Lebensumstände mit denen eines anderen zu vergleichen. Euer Weg ist der eure, und mit der Inkarnation erfüllt ihr pränatale Verpflichtungen, die ihr mit Hilfe von anderen eingegangen seid, um bestmöglich daran zu arbeiten, sowohl eure eigene Seele zu verfeinern als auch die Seelen, mit denen und in deren Umgebung ihr euch inkarniert habt, zu unterstützen.

Es gibt ein Idealmuster des Lebens, mit dem ihr auf die Erde kommt, und dieses Muster dient ganz bestimmten Zielen. Ihr könnt euch in eurem Leben innerhalb ganz bestimmter Parameter ausdrücken, und wenn ihr diese verlaßt, merkt ihr vielleicht, daß euer Leben schwieriger und schmerzhafter wird. Aber wenn ihr innerhalb der euch gegebenen Struktur arbeitet und immer bemüht seid, wie wir schon sagten, die höchsten Prinzipien des Lebens zu verstehen, eure Gelegenheiten wahrzunehmen und euer Leben voller Optimismus anzugehen, dann lösen sich die schwierigen Umstände im Laufe eures Vorwärtsschreitens auf, und ihr wachst an Kraft und Weisheit.

Euer Idealmuster wird euch klar werden. Ihr werdet eure ganz besonderen, ureigenen nützlichen Fähigkeiten und Talente in euch entdecken, Ausdrucksmöglichkeiten, die euch mit Freuden und einem guten Gefühl erfüllen, genauso wie es Lebensbereiche geben wird, die für euch unangemessen und nicht so erfüllend erscheinen.

Es gibt also ein Muster, und es gibt keinen Gott, der irgendein willkürliches Spiel mit euch spielt und euch wie Würfel auf die Erde fallen läßt. Alles gehorcht einem Plan.

Innerhalb eures Musters gibt es bestimmte Hauptziele, die euch als Individuum mit der Weisheit eurer Seele verbinden und die ihr zu erreichen versucht. Sie begegnen euch in Form von Menschen und Umständen, mit denen ihr zu tun habt, denn ihr selbst habt euch eure Lebenserfahrungen gewählt.

Konflikte kommen daher, daß die Seele und die Persönlichkeit oftmals nicht miteinander in Einklang sind. Die Persönlichkeit, das, was ihr als niederes Selbst verstehen würdet, verliert oft die Verbindung zu ihrem Seelenlicht und kommt dadurch vom Weg ab und verliert die Richtung. Manchmal währt der Kampf zwischen der Seele und der Persönlichkeit eine ganz Inkarnation, und der Mensch hat ein Leben voller Konflikte und Schwierigkeiten, mit wenig Freude, wenig Glück und sehr wenig wahrem Erfolg.

Wenn ihr jedoch auf euer Herz und eure Seele hört, wenn ihr eure Muster beobachtet und seht, wohin das Leben euch ruft, dann begegnet ihr den Aufgaben, die ihr euch als nächste und wichtigste Erfahrung vorgenommen habt.

Es gibt bestimmte Hauptzielsetzungen, denen wir uns stellen müssen, und wenn wir versuchen, sie zu umgehen, dann begegnen wir ihnen immer und immer wieder, bis wir bewußt genug sind, um zu erkennen, was wir da zu meistern haben.

Oft geht es darum, etwas zu lernen oder eine bestimmte Erfahrung zu machen, und manchmal, wenn wir uns um etwas drücken, kommt es verkleidet in ganz anderer Form wieder auf uns zu, jedoch immer noch mit demselben inneren Muster, das wir durchlaufen müssen, um unsere Seele auf eine bestimmte Weise zu verfeinern.

Denkt daran, daß ihr die Kraft in euch habt, euch eine Realität zu erschaffen, einen Weg eurer Wahl zu kreieren. Euer eingefahrenes Glaubenssystem beschränkt im Augenblick oft diese Freiheit. Wenn ihr euch mit eurer Seele verbindet, seht ihr das optimale Muster für euch, den besten Weg vorwärts von da, wo ihr in diesem Augenblick steht. Ihr kennt dann eure Verpflichtungen und wünscht euch, sie zu erfüllen.

So ist nach unserem Verständnis die Natur der Dinge. Ihr habt immer Wahlmöglichkeiten, ihr habt die Freiheit, aber ihr habt viele Entscheidungen getroffen, bevor ihr zur Erde kamt, und so habt ihr selbst euer Muster schon festgelegt. Wenn ihr den gewählten Weg nicht geht, dann vermeidet ihr etwas, was ihr selbst schon für euch bestimmt habt.

Frage: Wir auf der Erde haben physische Sinne, um unsere physischen Mitmenschen zu erkennen. Wie erkennt ihr einander im Äther?

Der Äther ist in vieler Hinsicht eine Dimension oder Ebene des Klanges. Jeder von euch hier könnte, wenn er wollte, lernen, den Klang der Energie eines anderen Menschen oder Wesens zu hören, denn der Äther ist das Energiemuster, das die Kräfte eines Individuums enthält, und man kann horchen und die Schwingung des Energiefeldes eines jeden Individuums hören.

Ihr wißt zum Beispiel, daß Tiere ein viel weiter reichendes Hörvermögen haben als ihr und subtile Töne hören können, die ihr nicht wahrnehmt. Sie hören ätherische Muster, die ihr und ich als Menschen niemals wahrnehmen würden. So erkennt man auch im ätherischen Zustand einander an der Schwingung und am Klang des ätherischen Selbst. Es gibt eine Form ätherischen oder energetischen Sehens, die jedoch eng mit dem astralen Feld verbunden ist.

Wir möchten hier jedoch etwas klarstellen. Ihr müßt wissen, daß die ätherische Seinsebene sehr stark Teil der physischen Welt ist. Wenn ihr aus dem physischen Leben geschieden seid, dann laßt ihr nicht nur euren physischen Körper zurück und gebt seine Partikel der physischen Ebene der Erde zurück, sondern ihr laßt allmählich auch euer ätherisches Selbst los und stellt den Brennpunkt eures Bewußtseins für eine Zeit auf die astrale Ebene ein.

Und wie erkennt man einander in der astralen Welt?

In der astralen Welt erkennt man einander an dem Licht, das man ausstrahlt, an der Qualität dieses Lichtes. Im astralen Bereich ist es leichter, zu sehen und gesehen zu werden als auf der Erde. Im Astralreich kann man die Fähigkeit haben, alle anderen Wesenheiten, die auf den Unterebenen der Astralebene existieren, zu sehen und auch in Einklang mit denen zu sein, die noch auf der Erde sind.

Im Äther also erkennen wir einander an den Tönen, die wir erzeugen. Jeder von euch ist eine Sinfonie; ist das nicht ein schöner Gedanke? Und jeder von euch ist auch ein Geschöpf von herrlichem Licht, ein Kaleidoskop, und so würdet ihr euch auf der astralen Ebene erkennen.

Wenn ihr auf der astralen Ebene sterbt, was der Fall ist, und in ein höheres Bewußtsein auf den niederen mentalen Ebenen aufsteigt, dann erkennt ihr einander an eurem Bewußtsein und an der Qualität und Dynamik eurer Gedanken.

Frage: Seid ihr, auf eurer Entwicklungsebene, euch menschlicher Geister von anderen Ebenen als der irdischen bewußt?

Die einfache Antwort auf diese Frage ist *ja*. Ihr wißt natürlich, daß die Erde viele Bewußtseinsebenen hat. Es gibt Seelen, das heißt, Partikel des Göttlichen, die nicht zur Erde kommen, sondern zwischen Inkarnationen auf anderen Ebenen planetarischen Bewußtseins existieren. Denn jeder Planet eures Sonnensystems kann Leben enthalten, aber Leben von einer Qualität, die von der euren hier sehr verschieden ist.

Versteht auch, daß es Seelen gibt, die in anderen Sonnensystemen inkarniert waren und die, wenn sie genügend entwickelt sind, der Erde sehr nahe kommen und die Evolution dieses Sonnensystems sehen und dabei helfen können.

Das läßt sich vielleicht so veranschaulichen:

Der Christus, den ihr als das Licht versteht, das bei der Taufe des Meisters Jesus im Jordan über ihn kam, der Christus hatte seine Evolution nicht in diesem Sonnensystem, sondern in einem Sonnensystem in einem anderen Teil der Galaxie. Als sich der Christus diesem Sonnensystem hier näherte, konnte er sich nur durch das Herz Gottes ausdrücken. Er hatte also Seinen Hauptbrennpunkt in dem, was ihr als eure Sonne betrachtet.

Die Einweihung des Christus, die alle Seelen durchlaufen werden, fand in einem anderen Sonnensystem statt. Für uns ist es leicht, Seelen wahrzunehmen, deren Muster und Zyklus entweder jenseits dieses Sonnensystems stattgefunden haben, oder Seelen, die auf der Erde leben, deren Entwicklungsstand sie jedoch befähigt, sich auch auf anderen Planeten auszudrücken und Erfahrungen zu machen.

Der Mensch, besonders der moderne Mensch dieser Zeit, hat sich lange in dem illusorischen Glauben gewiegt, er sei allein im Sonnensystem,nur auf der Erde gäbe es Leben, und wenn es in anderen Galaxien Leben gäbe, dann sei es höchst unwahrscheinlich, daß es entwickelt genug sei, um auf die Erde zu kommen. Welch ein Irrtum!

Viele Seelen kommen zur Erde, um euren Planeten zu besuchen und im Äther eures Planeten zu sein, meistens um sicherzustellen, daß das Wachstum der Erde und der Seelen auf der Erde im Einklang mit dem Plan für diesen Teil der Galaxie geschieht. Das Leben auf der Erde wird gesteuert, und ihr werdet beschützt, damit ihr euch nicht selbst und die Erde vernichtet, denn das darf niemals geschehen. Es ist gelegentlich möglich, daß Wesen von anderen Planeten und aus anderen Sonnensystemen auf eure Erde kommen und sich sogar vorübergehend in physischer Form ausdrücken; zu diesem Zweck entwickeln sie Fahrzeuge oder Raumschiffe, die ihr akzeptieren oder verstehen könnt, denn ihr nehmt immer noch an, daß man nur mit Hilfe eines Fahrzeugs reisen kann.

Die Wesen, die sich über diese Ebene hinausentwickelt haben, errichten eine schützende Aura, die sich für euch wie ein Fahrzeug oder ein Raumschiff ausnimmt, aber sie reisen aufgrund ihres Wissens um die Kräfte des Lichts und der Fusion und des Austauschs von Licht, und sie kommen oft nahe an euch heran. Es gibt auch Gefährte, die auf einer subtilen physischen Frequenz in einer anderen Dimension existieren, und die könnt ihr nicht sehen.

Trancezustände und Tranceheilung

Frage: Könnt ihr uns etwas über Trance-Heilung sagen?

Trance-Heilung. Dazu müssen wir erst den Zustand, den wir hier haben, erklären. Während dieser Zeit hier mit euch können wir in das Denken der Wesenheit kommen, die ihr als 'Paul' kennt und versteht, in das 'chitta', das Bewußtsein seines eigenen Seins, und wir können ihm durch unser eigenes Licht etwas mitteilen und seine eigene Identität genügend beeinflussen, so daß er zum Vehikel oder Kanal für die Gedanken und das Verständnis wird, das wir in seinen Mentalkörper bringen.

Um ihm zu helfen, bringen wir dazu seinen eigenen Brennpunkt des Bewußtseins in eine tiefere Dimension seiner selbst, so daß er ungestört unsere Worte und Gedanken widergeben kann. Es kann nur mit seiner Mitarbeit und seinem Einverständnis geschehen, innerhalb der Gesetze des Universums und mit Unterstützung der Engelwesen, die das Licht des Lebens in ihm und in unserem Denken aufrechterhalten.

Dies ist etwas sehr Heiliges, ein Vorgang, der mit großer Achtung behandelt werden sollte und der es ihm ermöglicht, unsere Gedanken, unsere Liebe und unsere Energien auf die Erde zu bringen.

In manchen Fällen ist es möglich, daß ein Individuum auf diese Weise beeinflußt wird und daß eine Wesenheit Kontrolle über es gewinnt, manchmal aus guten und manchmal vielleicht aus etwas fragwürdigen Gründen. In einem solchen Fall möchte die Wesenheit vielleicht eine Verpflichtung ihres eigenen Karmas einlösen oder die Energie in ihrem eigenen karmischen Muster verändern.

Wenn es sich um eine astrale Wesenheit handelt, die also mental noch auf die astrale Ebene konzentriert ist, dann versucht sie möglicherweise, in einem Bereich zu arbeiten, der zu ihrem Erdenleben oder einer ihrer Inkarnationen paßt. Vielleicht versucht sie, als Arzt zu arbeiten, wie sie es zuvor getan hat, und wird so das Individuum, zu dem sie eine Verbindung aufgebaut und dessen Einverständnis sie irgendwie gewonnen hat, in Trance versetzen. Sie versucht dann, den Ätherkörper des jeweiligen Patienten zu heilen. Es hat viele Wunder gegeben, wenn Heilung im Äther und dann im physischen Körper eines Menschen stattgefunden hat.

Weder verurteilen noch bewundern wir das, sondern wir würden einfach sagen: Wo es einen Versuch darstellt, Frieden und Harmonie zu bringen, da wirkt es innerhalb der Gesetze Gottes und des Universums.

Wenn wir Heilung jedoch im wahren kosmischen Sinne betrachten, dann hat sie damit zu tun, Ganzheit und Vollständigkeit zu bringen, und Heilung in einem Menschen muß aus seinem Seelenwachstum entspringen. Es besteht immer die Gefahr, daß etwas, was als Heilung betrachtet wird, eigentlich keine wahre Heilung ist. Es ist eher eine Art Reparatur, die zeitlich nur sehr begrenzt sein kann, denn wenn nicht auch ein Seelenwachstum und ein tiefer Lernprozeß stattgefunden haben, dann wird und muß der vorherige Zustand wiederkehren, denn er muß erst noch die Veränderung der Schwingungsfrequenz hervorrufen, die es dem Menschen ermöglicht, in ein neues Bewußtsein einzutreten. Das erst führt zu Integration und Ganzheit.

Das ist wahre Heilung.

Wir verdammen oder verurteilen nicht. Wir beobachten die Wahrheit, wie wir sie hier sehen. Viele Menschen, die mit Trance-Heilung oder Heilung durch irgendeinen außergewöhnlichen Seinszustand zu tun haben, tun eine sehr edle und oft auch sehr tiefgreifende Arbeit.

Nichtsdestoweniger ist die einzig wahre Heilung die, die durch das Wachstum der Seele geschieht und durch die Umwandlung niederer in höhere Energien. Diese Heilung kommt durch Lernen und Verstehen, und keine andere Wesenheit kann sie für euch bewirken. Man kann sie ermutigen und unterstützen, aber Heilung kann nur durch die Bereitwilligkeit des Christuslichtes im Herzen des Kranken erfolgen, durch seine Bereitschaft, sich zu verändern und zu wachsen.

Frage: Wann tritt der Geist in den Fötus ein?

Wenn eine Inkarnation geplant ist (und sie ist immer geplant, sowohl von der Wesenheit, die sich inkarnieren möchte, als auch von denen, die auf die eine oder andere Weise in enge Berührung mit der Qualität und der Erfahrungswelt dieser Inkarnation kommen werden, also den zukünftigen Eltern, Geschwistern, engen Freunden und sogar spirituellen Lehrern, die nicht auf der irdischen Ebene, sondern vielleicht im Äther, auf der Astralebene oder sogar jenseits davon existieren) und wenn eine Entscheidung über das passendste und angemessenste Gefährt für eine bestimmte Erfahrung getroffen ist, dann nimmt die Seele zum Zeitpunkt der Empfängnis den ersten Kontakt mit der physischen Form des Fötus auf und prägt ihm die Daten und Informationen auf, die für die folgende Entwicklung der physischen Form am angemessensten sind.

Der Aufbauvorgang erstreckt sich in irdischer Zeit über bis zu neun Monate. Während ihr physisches Heim sich entwickelt, verbindet sich die Seele damit, aber für gewöhnlich nicht vollständig. Es ist eher eine Verbindung, die man am besten mit der eines liebenden Elternteiles vergleichen kann, der über das Wachstum seines Kindes wacht. Die Seele lenkt also die Entwicklung des Fötus während seines Wachstums.

Wenn der Zeitpunkt der Geburt erreicht ist und die Geburt einsetzt, verbindet sich die Seele am dauerhaftesten mit der physischen Form. So kann sie die Bewegung der physischen Form aus dem Mutterleib in den Äther der Erde hinaus überwachen, wo sie sofort mit ihrer eigenen Ätherform arbeiten muß, um sich selbst und ihr Leben aufrechtzuerhalten.

Sehr oft geht die Seele, die die individualisierte spirituelle Form ist, erst ein paar Tage oder manchmal auch Stunden vor der eigentlichen Geburt auf der physischen Ebene eine dauerhafte Verbindung mit dem Fötus ein. Wenn das Baby in die physische Dimension eingetreten ist, zieht die Seele sich noch immer für lange Zeitabschnitte aus dem Körper zurück, selbst wenn das Baby wach und bewußt scheint. Das liegt daran, daß die Verhaftung der Seele und aller Lichtgefährten mit dem physischen Körper nicht auf einmal dauerhaft wird.

Während der ersten 21 Jahre wachsen das physische und das ätherische Selbst, der Emotionskörper wächst, und dann entwickelt sich der Mentalkörper und verbindet sich mit den anderen. Im allgemeinen ist diese Entwicklung nicht vor dem 21. Lebensjahr abgeschlossen. Erst dann ist die Seele in der Lage, durch diese Wesenheit zu wirken, zu lernen und die Erfahrungen zu sammeln, die sie für ihre Evolution braucht.

Man kann also sagen, daß die Seele oder der Geist, wenn man so will, sich erst kurz vor der Geburt dauerhaft und dynamisch mit der physischen Form verbindet.

Manchmal kommt es durch die Kraft karmischer Erfordernisse zu einer Fehlgeburt, wie ihr es nennt. Die Wesenheit bleibt dann meist dem Wesen nahe, von dem sie erwählt worden war, um die Möglichkeit einer weiteren Empfängnis zu ergreifen und auf diese Weise hereinzukommen.

Frage: Wenn ein Kanal wie dieser hier in Trance geht, was geschieht dann während dieser Zeit mit seiner Seele oder seinem Geist?

Während des Zustands, den ihr 'Trance' nennt, kommt es zu einer Vermischung der Bewußtseine.

Wenn wir durch diesen Kanal sprechen, benutzen wir sein eigenes Denken und seine Fähigkeiten. Die Stimme, die wir benutzen, ist seine eigene Stimme. Es ist vielleicht nicht die Stimme, die ihr von ihm gewöhnt seid, aber es ist eine Stimme, die er in vergangenen Zeiten benutzt haben könnte und benutzt hat. Wenn wir also kommen und mit ihm arbeiten, teilen wir das Bewußtsein mit ihm.

Er versetzt sich wie in der Meditation auf eine Bewußtseinsebene, die sehr stark die des Mentalkörpers ist, und wir vermischen dann unser eigenes Bewußtsein mit dem seinen und steuern die Funktion des Nervensystems und können seine Sprache und das, was zu euch gesagt wird, kontrollieren.

Dabei überwacht seine eigene Seele sehr stark das Geschehen. Nichts wäre erlaubt, was seine eigene Seele nicht gutheißen würde und was nicht im Einklang ist mit seinem besten Interesse. Auch dies ist wieder eine Vereinbarung, die vor seiner Inkarnation getroffen wurde, es ist ein Teil seines Zieles. Er war darauf vorbereitet, bevor er herkam.

Seine Seele ist nur in dem Sinne losgelöst, daß sie die Dinge überschaut, aber was stattfindet, ist ein Verschmelzen der Bewußtseine. In der Zeit, wo er keine bewußte Kontrolle über seinen physischen Organismus hat, befindet er sich in einem meditationsähnlichen Zustand. Wenn er zurückkehrt, ist es einfach so, als hätte er für ein paar Sekunden die Augen geschlossen. Wie ihr wißt, verläßt man mit der physischen Ebene auch das Zeitgefühl, und für ihn gibt es jetzt keine Zeit. Ihm erscheint es nur wie ein sehr kurzes Weggehen, und dann kommt er wieder zurück.

Frage: Starb Judas, weil er Jesus verraten hatte?

Judas fügte dem Meister Jesus keinen Schaden zu, das konnte er gar nicht. Deshalb ist es gewissermaßen eine Illusion, anzunehmen, daß irgend jemand Schaden nahm.

Menschlich gesehen sollte er natürlich Schmerzen leiden. Ihr müßt aber auch verstehen, daß, wenn in einem Leben für einen Menschen etwas Schmerzhaftes geschieht, der Schmerz von dem Betroffenen angenommen wurde.

Wenn ihr durch einen Konflikt mit jemandem in körperliche Schwierigkeiten kommt, dann habt ihr auf irgendeiner tieferen Ebene eures Seins durch das Bewußtsein der Seele zugestimmt, daß eurer physischen Form dieser ganz spezielle Schaden zugefügt wird. Das kann dann durch jede Seele auf jeder beliebigen Entwicklungsebene geschehen.

Was uns angeht, so sehen wir keinen Grund, wieso Judas Ischariot eine weniger oder mehr entwickelte Seele als der Meister Jesus sein sollte.

Denkt daran, ihr sprecht hier von zwei ziemlich voneinander unabhängigen Bewußtseinen. Der Meister Jesus hatte spezielles Karma, das eingelöst werden mußte, und dieses wurde in die Beziehung mit Judas gelegt.

Der Christus hatte kein Karma, und daher war es der Ausdruck des Christus im Meister Jesus, der die Situation meisterte. Wie weit entwickelt auch immer Judas' Seele gewesen sein mochte, er konnte dem Meister Jesus im wahrsten Sinne in keiner Weise Schaden zufügen. Er konnte nur, vielleicht sehr kurz, seine Entwicklung behindern, aber durch die Macht in Jesus konnte dieser den Versuch der Entweihung seines körperlichen Tempels sehr schnell verwandeln in das Erblühen des Christus, wie es in der Auferstehung vorgesehen war.

Judas selbst war eine Seele von beträchtlicher Evolution. Nach allem, was wir euch gesagt haben, war er eine Seele mit sehr hohem Ziel, aber da er wählte, innerhalb eines bestimmten Schicksalsmusters zu wirken, war es innerhalb des Aktes, der da vorangetrieben wurde, gleichgültig, ob er hoch oder weniger hoch entwickelt war.

Vielen würde der Gedanke reizvoll erscheinen, daß Judas eine hochentwickelte Seele gewesen sein müßte, um diese Tat zu vollbringen, aber so ist das nicht wirklich.

Frage: Ich habe gelesen, daß Jesus noch lange nach der Kreuzigung lebte und daß er am Kreuz gar nicht starb, sondern weiterlebte, bis er etwa siebzig Jahre alt war?

Der Mann Jesus, der geboren wurde, um zu lernen, der wahre Ausdruck des Christusbewußtseins auf Erden zu werden, wurde, als er von seinem Vetter im Jordan getauft wurde, vollständig mit der Christuskraft durchtränkt.

Seine Taufe war die Vervollständigung eines Reinigungsprozesses, und die Schwingung des kosmischen Christus konnte vollständig mit der physischen Realität des Menschen Jesus verschmelzen.

Bei der Kreuzigung gab es keinen Tod in dem Sinne, wie ihr es hier verstehen würdet. Der Mensch Jesus starb in dem Maße, daß alle menschliche Zerbrechlichkeit von Ihm abfiel, als Er erkannte, daß Er und das Christuslicht eins waren.

Als das geschah, änderte sich die Schwingungsfrequenz des Körpers des Menschen Jesus, und der Körper der Auferstehung manifestierte sich. Dies war nicht derselbe Körper wie der in dem Leben zuvor, auch wenn er vielen so erschien wie ein normaler physischer Körper, den sie berühren und fühlen konnten. Er hatte eine andere Schwingung und eine andere Frequenz.

Als Jesus, durchtränkt vom wahren Lichte des Christus, am Kreuz Seine Einweihung erfahren hatte, kam Er zurück ins Erdenbewußtsein. Für die, die dabei waren, sah es jedoch so aus, als ob Er ins Erdenbewußtsein zurückgekommen wäre, um für eine Weile unter ihnen zu wandeln und den Weg für das Kommen des Christusgeistes in alle Menschen in einer Weise vorzubereiten, die sie begreifen konnten.

Das ist natürlich die 'Zeit der weißen Sonne', also Pfingsten. *(Engl. 'Whitsuntide' = wörtl. Zeit der weißen Sonne = Pfingsten; Anm. d.Übers.)*

Es geht wirklich um die Entfaltung einer neuen Dimension des Bewußtseins unter den Menschen. Jesus hatte, vom Christus durchströmt, ein neues Gedankenmuster aufgebaut, durch das der Mensch wirken kann, und Er mußte die letzten Vorkehrungen für den Ausdruck und die Entwicklung dieses Gedankenmusters auf der Erde treffen. Das geschah durch den Beweis seines Weiterlebens, wie es Seinen Aposteln und den anderen, die Seinen Auferstehungskörper sahen, offenbart wurde. Er zeigte dadurch ganz klar, daß das Leben weitergeht und daß der Geist unsterblich ist. Vergeßt nicht, daß das in einer Gesellschaft geschah, die zum größten Teil nicht an ein Weiterleben des Geistes nach dem Tode glaubte oder etwas davon verstand.

Als das abgeschlossen war, zog sich der Christus aus der Erdensphäre in den Äther und ins Sonnenbewußtsein zurück. Das ist die Himmelfahrt. Das war das Ende des Menschen Jesus auf der physischen Ebene.

Der Christus goß jedoch symbolisch dadurch, daß Blut und Wasser aus Seinem verletzten Körper auf die Erde flossen, Seinen Geist in jedes Atom der Erde.

So bleiben der Christus und tatsächlich auch ein Teil der Schwingung des Menschen Jesus als der Christus für immer in und mit der Erde in ihrer dichtesten Schwingung.

Der Mensch Jesus verließ die Erde und lebte nicht weiter, wie es oft behauptet wird.

Frage: Wie denkt ihr über den 'Gnadentod', wenn todkranke Menschen darum bitten, ihnen beim Sterben zu helfen?

Du fragst in bezug auf Menschen, deren körperlicher Zustand so aussieht, als würden sie bald sterben, und die einen schnellen Übergang wollen und daher um das Eingreifen eines Dritten bitten, der ihnen entweder Drogen gibt oder vielleicht die Gabe von Medikamenten beendet, damit ihr Übergang ins astrale Leben und darüber hinaus schneller vonstatten gehen kann? Ist das die Frage?

Im Hinblick auf die Gedanken und Prinzipien, mit denen wir es hier zu tun haben, würden wir folgendes sagen:

Wenn ihr die Erde verlaßt, läßt das Individuum alle vorangegangenen Erfahrungen los und kann von diesem Leben in ein neues Bewußtsein übergehen.

Der Punkt, den ihr Tod nennt, beruht auf der Bereitwilligkeit der Persönlichkeit, sich aus all den emotionalen und manchmal schmerzhaften Bindungen zu befreien, die euch an diese spezielle Inkarnation fesseln. Darauf folgt die Erlösung des höheren Selbst in einen freieren Ausdruck seiner eigenen Identität und im Augenblick des Übergangs eine sehr rasche Auflösung einiger karmischer Voraussetzungen in eurer Beziehung zu den auf der Erde Verbleibenden und auch zu denen, die vor euch gegangen sind.

Es ist sehr wohl möglich und üblich, daß ein Individuum starke emotionale Bindungen an die Menschen hat, die noch auf der Erde bleiben, und daß es diese nicht genügend aufgelöst hat, um die Beziehung im Physischen ohne weiteres verlassen zu können.

Gleichermaßen ist es möglich, daß eine Seele, die bemerkt, daß die Zeit ihres Todes gekommen ist, sich der emotionalen Verbindungen mit denen, die schon ins astrale Leben und weiter gegangen sind, bewußt wird. Sie hat vielleicht mit ihnen noch ungeklärte Fragen aus ihrer gemeinsamen Beziehung auf der Erde zurückbehalten.

Der Schlüssel zum Übergang ist, den Frieden zu haben, der die Energie fließen läßt, so daß das Band durchschnitten und die Seele und ihre anderen Körper vom physischen Körper befreit werden können. Das kann in Wahrheit nur dann geschehen, wenn die Erfahrungen des vorangegangenen menschlichen Lebens in genügendem Maße losgelassen und angenommen worden sind und seine Lehre für die nächste Ebene und darüber hinausgehend anerkannt worden ist. Und wenn auf tieferer Ebene die Seele mit der Persönlichkeit zu diesem Verständnis gelangt ist, dann wird es leicht, aus diesem physischen Leben auf die nächste Ebene überzugehen.

An diesem Punkt legt sich der 'Friede, der alles Verstehen übersteigt' über die Persönlichkeit und das niedere Ego des Individuums und ermöglicht es der Seele, den Übergang von der Erde ins nächste Leben zu vollziehen.

Das Problem mit dem sogenannten 'Gnadentod' ist, daß er gewissermaßen nicht gnädig ist. Es kann eine Illusion sein, daß wir denjenigen helfen, ins nächste Leben überzugehen, die es sich wünschen, denn nur wenn im Bereich des Kontaktes zwischen der Seele oder dem Höheren Selbst und der Persönlichkeit hinsichtlich dieser speziellen Inkarnation eine karmische Auflösung stattgefunden hat, ist genügend Gnade erreicht, daß die Energien, die sich so um das Individuum herum aufgebaut haben, den natürlichen Fluß des Brennpunktes des Bewußtseins aus diesem physischen Leben in die nächste Wahrnehmungsphase bringen.

Wenn an diesem Punkt eingegriffen wird, besteht immer die Gefahr, daß die Wesenheit in einem Zustand der Verwirrung oder sogar in einem Schockzustand auf der nächsten Ebene ankommt, denn die Verbindung zwischen dem physischen und dem spirituellen Leben kann abgebrochen sein. Sie sind dann nach ihrem Übergang vielleicht verwirrt oder sogar unglücklich.

Sie können dann auf die Umstände zurückblicken, die den Übergang ermöglicht haben, und mit klarerer und erweiterter Sicht erkennen, daß sie auf einer tieferen Ebene unerledigte Dinge zurückgelassen haben, die sie in ihrem Bewußtsein nicht aufgelöst hatten, und daß sie deshalb bei ihrem Tod eine Gelegenheit verpaßt haben.

Natürlich sind es oft sehr mitfühlende Menschen, die den Schmerz beenden und eine Seele von ihrem Leiden befreien möchten. Aber sie muß bleiben und lernen, sich selbst durch die Veränderung ihres Denkens und ihrer Beziehung zu allem, was während der Zeit hier geschehen ist, zu befreien.

Wir möchten hier auch sagen, daß es, wenn wir genügend reine, heilende Liebe aus dem Herzen und durch unsere Hände und unser Sein zu dem Sterbenden fließen lassen können, den Übergang natürlich erleichtert und es dem Sterbenden ermöglicht, sich so einzustellen, daß er leichter in das nächste Bewußtsein hineingleiten kann.

Wo sogenannte 'spirituelle Heiler' mit Menschen in ihrem letzten Lebensstadium arbeiten dürfen, kommt der Übergang durch die Energien, die sie dem Kranken übertragen können, oft rascher. Diese Energien heilen ihn auf einer tieferen Ebene seines Seins und helfen ihm, die Beziehung zwischen Seele und Persönlichkeit auf einen Punkt und zu einer sehr wichtigen Lösung zu bringen, und so kann die Befreiung in das höhere Leben leichter und mit mehr Würde geschehen.

Es ist verständlich, daß manche Menschen versucht sind, aus lauter Mitgefühl an einem 'Gnadentod' mitzuwirken, aber nach den Gesetzen des Lebens ist es dennoch eine unangemessene Handlung.

Weitere Bücher von der Weißen Bruderschaft und der geistigen Hierarchie im ch. falk verlag: